日本語不思議図鑑

定延利之＝著

大修館書店

目次

Q.1

「以上」か「以下」か

下の空欄に当てはまることばは、
「以上」か、それとも「以下」か?

◎大深度の地下駅

地下都市を結ぶ鉄道は、今までの地下鉄よりも深い地下50メートル[　　]のところを走ると考えられています。このアリスシティ構想では、鉄道がいちばん下を走り、その上に地下空間を利用した駅ビルがあります。[http://www.jsce.or.jp/what/hakase/tunnel/18/index.html]

●アリスシティ構想
(イメージ図)

A. 「以上」でも「以下」でもよい。

問題の文は、新構想の地下鉄道が「地下50メートル以深」を走ることを述べたものです。「地下50メートル以深」は「地下50メートル以上」になることもあるし、「地下50メートル以下」になることもあります。

どちらになるかは話し手のとらえ方しだいです。「以深ということは下方向だ」と単純にとらえれば、「地下50メートル以深」は「地下50メートル以下」になります。

一方、「以深は下方向だが、下方向ということは『地下』ということばで十分表されており、『地下』以外の部分で改めて表現する必要はない」ととらえれば、「地下」の後ろでは下という方向を気にする必要がなくなります。

すると、地上60メートルや地上70メートルが地上50メートルよりも「上」であるのと同じように、地下60メートルや地下70メートルは地下50メートルよりも数値としては「上」なので、「地下50メートル以上」になります。

いまの「地下50メートル以上」のような表現は、「より高い方向＝上方向、より低い方向＝下方向」という単純なとらえ方には合わないので、違和感を持つ人もいます。しかし、このような違和感は人によっては特にありません。問題に挙げた文章は、社団法人・土木学会のサイトにあったものですが、空欄の箇所は「以上」になっていました。

現在の地下鉄は、ときどき地下ではなく地上を走ったりして、マイナス（地下）とプラス（地上）を行き来しますが、ここで表現されているのは未来の地下都市の話です。地下鉄は地下の、非常に深いところしか走りません。

こんな地下世界の建設のことばかりをずっと考えていると、そこではなにもかもマイナス（地下）ですから、「より高い方向＝上方向、より低い方向＝下方向」という単純なとらえ方がだんだん意味がなくなって、「地下50メートル以上」の方が自然になってくるのかもしれませんね。

類例

「上」「下」と少し似たことが、「大」「小」にも見られます。インターネットで見かけた文章を挙げてみましょう。

DVI出力端子を持つパソコンと接続すれば、デジタルデータを変換することなく直接転送することにより、**画質の劣化を最大限に抑え**良質で鮮明な画像を再現することが可能です。

[http://iiyama-sales.com/eshop/index?c=shop&p=C15&tg=M00054947_2]

この例は、TVチューナボードという製品を紹介している文で、自社製品が「画質の劣化をものすごく抑える」ということを「画質の劣化を最大限に抑え」と表しています。

では次の例はどうでしょうか。

MPEG4形式でリアルタイムに録画するので、**画質の劣化を最小限に抑え**ながら映像を圧縮し、DVDの約2倍もの長時間録画を実現しますので、ハードディスク容量を抑えることができます。

[http://www.epsondirect.co.jp/mr2100/index_03.asp?kh=3]

この例はディスプレイを紹介している文で、やはり自社製品が「画質の劣化をものすごく抑える」と謳《うた》っているのですが、これを「画質の劣化を最小限に抑え」と表しています。

以上の2つの例からわかるのは、「最大限に抑える」と言っても「最小限に抑える」と言っても、実質的に意味が変わらないように見えることがあるということです。

但し、「最大限に抑える」と「最小限に抑える」が、まったく同じ意味というわけではありません。

「最大限」というのは、画質の劣化を抑える程度が最大限だということです。それに対して「最小限」とは、その結果として画質の劣化が最小限になるということです。「最大限に抑える」は画質劣化を抑える「程度」に注目する表現で、「最小限に抑える」は画質劣化を抑えた「結果」に注目する表現だと言えます。

ストレスを最大限に抑える。
ストレスを最小限に抑える。
食費を最大限に抑える。

食費を最小限に抑える。

このように、「画質の劣化」を「ストレス」や「食費」のようなもう少し一般的なことばに変えてみると、「最大限に抑える」よりも「最小限に抑える」の方が自然になりがちです。

これは逆に言うと、「最大限に抑える」は、「画質の劣化」のように専門性の高いことばと相性がよいということです。

画質の劣化を抑えた「結果」の画面には誰でも注目しますが、画質の劣化を抑えること自体や、その「程度」には、ふつう専門家しか注目しないということではないでしょうか。

Q.2

「味わわせる」か「味あわせる」か

マシーンのように正確なはずの世界的スナイパー、
ゴルゴ13は、「『味わう』ようにさせる」ということを
「味わわせる」と言ったり（①）、
「味あわせる」と言ったりしている（②）。
「味わわせる」と「味あわせる」、正しいのは
どちらなのか？

①

●さいとうたかを『ゴルゴ13』，リイド社，第50巻，p. 81（Ⓒ さいとう・プロダクション／小学館）

②

●さいとうたかを『ゴルゴ13』，リイド社，第4巻，p. 123（Ⓒ さいとう・プロダクション／小学館）

A. どちらも正しい。

『うたう』ようにさせる」ということは「うたわせる」と言います。『したがう』ようにさせる」ということは「したがわせる」です。「う」で終わる動詞（「うたう」「したがう」）は、このように最後の「う」を消して「わせる」を付ければ、人にそうさせる表現ができます。

うたう　→　うた　→　うたわせる
したがう　→　したが　→　したがわせる

したがって、『味わう』ようにさせる」ということは、最後の「う」を消して「わせる」を付けて、「味わわせる」と言うのが本来です。

味わう　→　味わ　→　味わわせる

しかし、同じ発音の連続は避けたいというのも、人間にとってごく自然なきもちでしょう。ムード歌謡のバックコーラスではあるまいし、大のおとなが「わ」という発音を2つ続けて「わわ」なんて、あんまりではないでしょうか。

そういうわけで、「わわ」の最初の「わ」を「あ」に変えた「味あわせる」も、広く使われています。これもまちがいではありません。

同じ発音の連続が避けられることは、「味わわせる」にかぎったことではありません。「場合」という単語は「ば」と「あい」で「ばあい」と読むはずですが、「ばわい」と発音されていることがかなりあります。「ばあい」はローマ字で書いてみると「baai」になることからわかるように、「あ」の発音が連続しています。「ばわい」つまり「bawai」のように、後ろの「あ」の音（a）を「わ」（wa）に変えてしまうと、「あ」の音は連続しなくなりますね。

類例

同じ音の連続を避けるために、連続する発音の片方が、消されてしまうこともあります。たとえば英語を見ると、形容詞「美しい」はbeautifulで、副詞形「美しく」は末尾にlyを付けて beautifully です。形容詞「やさしい」は tender で、副詞形「やさしく」は末尾に ly を付けて tenderly です。

美しい → 美しく　　やさしい → やさしく
beautiful　beautifully　　tender　tenderly

したがって、形容詞「したしい」friendly の副詞形「したしく」は、

したしい → したしく
friendly　?

friendly の後ろにさらに ly を付けた friendlyly のはずですが、正しくは friendly のまま、つまり ly は1つだけです。連続する2つの ly のうち1つが消えているのです。

日本語も、このような方法と無縁ではありません。

「うまい」の過去形は「うまかった」で、「たのしい」の過去形も「たのしかった」です。このように、形容詞の過去形は最後の「い」を消して、そこに「かった」を付ければいいのです。

うまい　→　うま　→　うまかった
たのしい　→　たのし　→　たのしかった

だから「あたたかい」の過去形は、同じように「あたたかい」の「い」を消して「あたたか」を作り、それに「かった」を付けて、「あたたかかった」と言うべきなのですが、

あたたかい　→　あたたか　→　あたたかかった

実際には次のような例も見られます。

もう一度この手をつないでほしい　いつもつないだ手は温かった
［Gackt C.（2004）『君に逢いたくて』日本クラウン　ASIN：B000ZUXLN6（歌詞は「温かかっ

た」だが歌の発音は「温かった」)」

インターネットにも「温かった」や「暖かった」はたくさん見られます。ワープロで「あたたかった」と入力して漢字変換しても、「温かった」や「暖かった」は出ません。「阿戦った」などしか出ませんから、この人たちは「ったく、馬鹿なワープロだな」と思いながら、苦労して「温かった」「暖かった」と打ち込んでいるのでしょう。このような人たちにとって、「あたたかった」はまちがいとも言い切れなくなってきます。

「味わわせる」の「わわ」や、「あたたかかった」の「かか」のように、同じ発音が連続するときに、そのうちの1つが別の音に変わったり、消えてしまったりするという現象は、いろいろな言語のいろいろな表現に見られることです。そういう現象は、まちがいとされている場合もあれば、逆に friendly のように、それこそが正しい言い方とされている場合もあります。

多くの場合、「正しい言い方」とはそういうものです。長い目で見れば、「正しい言い方」と「みんながよくやるまちがった言い方」の間に大きな違いはありません。或る時代の「よくやるまちがった言い方」が、少し後の時代になって「正しい言い方」に昇格する、ということは実際よくあることです。

Q.3

あなたと夜と音楽と

「あなたと夜と音楽と」、
最後の「と」は余分では?

●アラン・ブロードベント(2002)『あなたと夜と音楽と』, キングレコード KICJ-434

A. 余分ではない。

「あなたと夜と音楽と」に少し似た言い方に、現代ギリシャ語の、

ke あなた ke 夜 ke 音楽

という言い方があります。つまり「あなた」「夜」「音楽」すべての直前に、「と」にほぼあたるkeという接続表現が現れます。これが直前ではなくて直後に現れれば、「あなたと夜と音楽と」と同じになりますね。「も」「だって」「にせよ」なども、

あなたも夜も音楽も
あなただって夜だって音楽だって
あなたにせよ夜にせよ音楽にせよ

のように、「あなた」「夜」「音楽」すべてに付いて現れます。もちろん、「も」「だって」「にせよ」は、「と」とは意味が少し違っていますが、「あなた」「夜」「音楽」を平等につなぐことに変わりはありません。「あなた」「夜」「音楽」を平等につなぐから、それらすべてに同じように付いて現れるわけです。最後の「音楽」に付いている「も」「だって」「にせよ」は余分ではありませんし、最後のkeも余分ではありません。だとしたら、最後の「と」も余分なんかではありません。考えてみれば、当たり前の話ではないでしょうか。

では、いままで実に正しく思えていた、

あなたと夜と音楽

という言い方は、一体何なのでしょうか?

英語風の言い方を考えてみると、

あなた　夜　and　音楽

になります。つまり、英語の and は名詞「あなた」「夜」「音楽」のうち、最後の名詞「音楽」だけをなぜか特別扱いして、この名詞だけに付いて現れます。日本語の「あなたと夜と音楽」は、2つの名詞の間にまんべんなく「と」が現れますから、この感覚からすれば、英語は変な言語に見えるかもしれません。しかし、実はそうではないのです。ラテン語風の言い方が、

あなた　夜　音楽 que

となるように、「接続表現は2つの名詞の間に現れる」という考え方は実はうまくいきません。その考えを捨てて「接続表現は1つの名詞の直前か直後に付いて現れる」という考え方に切り替えてはじめて、ラテン語の que は英語の and と同じで、最後の「音楽」だけを特別扱いして「音楽」だけに付いて現れているということが見えてきます。違うのは、英語の and が「音楽」の直前に現れるのに対して、ラテン語の que は「音楽」の直後に現れるという点だけです。

ここまでくれば、英語の「あなた　夜　and 音楽」と日本語の「あなたと夜と音楽」も、基本的に同じだとわかるでしょう。日本語「あなたと夜と音楽」は、最後の名詞「音楽」には「と」が付かず、「音楽」以外の名詞「あなた」「夜」に「と」が付いています。つまり、やはり

最後の「音楽」を特別扱いしていて、ただその特別扱いのしかたが英語とは裏返しなだけです。

あなた　夜　and 音楽
あなた　夜　音楽 que
あなたと　夜と　音楽

では、なぜ and や que や「と」は、最後の名詞を特別扱いするのでしょうか。

「A」「B」という2つの名詞をつなぐには、まず、「A」と言う作業、つまり土台を作る作業と、その上に「B」と言う作業、つまり付け足し部分を作る作業が必要です。

名詞をつなぐ接続表現と言っても、純粋に土台「A」と付け足し「B」を接続する作業だけを表すことはあまりありません。もし純粋に表せば、「あなたと夜と音楽と」や「ke あなた ke 夜 ke 音楽」のように、すべての名詞に付いて現れますが、接続表現が表す接続作業はたいてい土台作り作業か、付け足し作業のいずれかと一体化しています。

接続作業が付け足し作業と一体化していれば、接続表現は最後に付け足される名詞「音楽」だけに付いて現れます。これが「あなた　夜　and 音楽」や「あなた　夜　音楽que」です。

逆に接続作業が土台作り作業と一体化していれば、接続表現は最後の名詞「音楽」以外の名詞「あなた」「夜」だけに付いて現れます。これが「あなたと夜と音楽」のパターンです。「あなたに夜に音楽」のように、「に」はこのパターンでしか現れませんが、これは「に」の本務が「庭に木がある」「2時に会議がある」のように、場所や時間という土台を作る作業だからです。

ジャズ・スタンダード曲『あなたと夜と音楽と』の原題は、

You and the night and the music

と言います。このように「あなた　and 夜　and 音楽」というパターンもないわけではありません。曲名は韻や歌詞の内容その他さまざまな事情で決まるもので一概には言えませんが、このパターンは一般には、しゃべりだす前の準備が十分でない、子供っぽい言い方とされています。「あなた」と言った時点では直後の「夜」ぐらいまでしか頭に浮かんでいないので、「夜」が最後の付け足し名詞ということでandが付き、その後で「音楽」を思いついて「音楽」にandがまた付くということですから、たしかに準備不足で子供っぽいということになるでしょう。

Q.4

「消防署長」か「消防署署長」か

消防署の防災イベント。
参加したタレントの肩には
「一日消防署長」と書かれたタスキがかけられているが、
式典のような正式の場では
「消防署長」は「消防署署長」と
するべきではないか?

●つくば市南消防署(2005年11月13日),写真は工藤真由さん

A. むしろ「消防署長」の方がよい。

友だちどうしで、よく集まって遊んでいるとします。そのうち「この集まりになにか、名前を付けよう」となって、皆で「さくら会」と名前を付けました。「じゃあ、会長を決めないと」ということで、ジャンケンか何かで、田中さんが初代の会長に決まりました。この時、

初代のさくら会長は田中さんだ。
初代のさくら会会長は田中さんだ。

の2つを比べると、「さくら会長」より「さくら会会長」の方が自然ですね。

また、「わるわる組」という暴力団があるとすれば、そこの組長は「わるわる組組長」であって、「わるわる組長」ではないでしょう。

「さくら会会長」「わるわる組組長」のように、「会」や「組」を連続させた長い言い方で組織の長が呼ばれることは結構あります。しかし、いつもというわけではありません。長い言い方が好まれるのは、「権威の出所が明らかでない存在」の場合です。

現実には、サークルがより大きなサークルに属するとか、暴力団がより上位の暴力団の傘下であるとかいったこともあるわけですが、さくら会やわるわる組と言えば、本来的には独立組織でしょう。

独立組織の長というのは本当の長で、上には誰もいませんから、上にしばられません。これは裏を返せば、独立組織の長は、上から権威を与えられないということ、つまり権威の出所が不明だということです。いくら自分でいばっていても、その偉さを保証してくれる者は誰もいません。このような存在を、ここでは「権威の出所が明らかでない存在」と呼んでおきます。

これに対して、「権威の出所が明らかな存在」とは、本来的に、より上位の存在に従属する存在です。上位の存在に従属し、束縛されるということは、上位の存在から権威を与えられるということです。そして、権威の出所が明らかな組織の長を表す場合は基本的に、長くない寸詰まりの言い方が好まれます。

クラス会の会長と生徒会の会長を比べてみると、クラス会の会長は「クラス会会長の田中さん」などとは言っても、寸詰まりの形で「クラス会長の田中さん」とは言いませんよね。その一方で、生徒会の会長は「生徒会長の田中さん」などと寸詰まりの形で言って問題ないでしょう。これは、クラス会が卒業者の自主的・非公式な集まりで、権威の出所が明らかでないのに対して、生徒会が学校の運営組織の一部であり、権威の出所が明らかだからです。

会社の社員を「会社員」と言う一方で、会社の社長を「会社社長」と言って、「会社長」と言わないのは、社員は会社に従属し、会社から権威を与えられるけれども、社長は権威の出所が明らかでないということと対応しています。

バレー部の部員を「バレー部員」と言う一方で、バレー部の部長を「バレー部部長」と言って「バレー部長」と言わないことなども同様です。「バレー部長」が「生徒会長」と違って不自然なのは、バレー部がリクリエーションクラブの1つで、学校への従属度が高くなく、権威の出所が明らかでないからではないでしょうか。

神戸市の市長は「神戸市長」、研究所の所長は「研究所長」、大学の学長は「大学長」、そして消防署の署長は「消防署長」という具合に、公共団体の長はどこまで上っても寸詰まりの言い方です。私企業やサークル、暴力団とちがって公共団体は皆さまに従属しています、文字通りのトップなどおりません、ということなのでしょう。

もっとも、パーティで、

では皆さんに本日のお客様をご紹介しましょう。神戸大学学長の神戸一郎先生です。


のように、そんなに正式でない口頭での紹介の場合は、長い言い方の方が好まれることもあります。但し、学生交流協定など正式な文書の宛て先としてはあくまで「神戸大学長」であって、「神戸大学学長」ではありません。

長い言い方をするか（「神戸大学学長」）、寸詰まりの言い方をするか（「神戸大学長」）は、権威の出所が明らかかどうかと結びついているわけですが、それは、権威の出所を明らかにすべき公的なやりとり（文書の場合）か、権威の出所を明らかにしなくてもよい、或る程度くだけたやりとり（口頭の場合）かという、場面の問題にも関わっています。

東京駅の駅長が「東京駅長」と言えるかどうかを調べてみたところ、前に上位組織を付けるかどうかで自然さが違うという人がかなりいることがわかりました。東京駅の駅長が自己紹介する場合、東京駅長の田中です。

は不自然だけれど、

ＪＲ東日本、東京駅長の田中です。

ならマシだ、というのです。これも結局は、権威の出所を明らかにすることと、寸詰まりの言い方が関係していることの現れではないでしょうか。

もっとも、今まで述べてきたのはあくまで日本語社会の話です。総務部の部長を「総務部長」と言うことで、まったく違った効果が生まれる社会が、すぐ隣にあります。

中国語では寸詰まりの言い方は、馴染み深いものに対する、正式でないはしょった言い方という含みがあります。たとえば、昆山市（江蘇省）のように知名度の高くない市の市長をふつう〝昆山市長〟とは言いにくいのですが、北京市のようなメジャーな市の市長は人によっては〝北京市長〟のように言うことが問題なくできます。但し、直前に上位組織〝中華人民共和国〟を付けると格式ばった言い方になってしまい（〝中華人民共和国北京市長〟）、不自然になります。

Q.5

ボラは何回名前を変えるのか

次の文章の見出しの□の中に
適当な数字を入れなさい。

ボラ

□回名称を変える魚

▼

ボラは成長とともに名称が変わる出世魚で、ごく小さい稚魚をオボコ（あるいはスバシリとも呼ぶ）、淡水に入ってくるころをイナ、海に帰って成熟したものをボラと呼ぶ。さらに成魚となってトドという。

●成瀬宇平・西ノ宮信一・本山賢司（1993）『図説 魚の目きき味きき事典』，講談社＋α文庫，p. 357

A.「3」でも「4」でもよい。

問題に挙げた文章は、この魚の名称を（稚魚の名前が「オボコ」であれ「スバシリ」であれ）一生に4つとしています。

それなら魚が名称を変える回数は「3回」だ、それ以外ありえないと思われた方も多いでしょう。特にいまのように、「名称を変えるのは何回か」とことさらに考えさせられ、頭が算数モードになっていると、「4回」というのは頭の悪い計算まちがいに思えてきます。しかし、問題に挙げた文章の実際の見出しは「4回名称を変える魚」です。

次に、科学論の啓蒙書を見てみましょう。

フロイト自身も、この無意識の欲求が何であるかについて、三度にわたって理論を変えた。最初は性と生存への欲求、次に愛と攻撃性とみなし、最後に生と死であると述べた。

［C＋Fコミュニケーションズ編著（1986）『パラダイム・ブック』、日本実業出版社、236

ページ」

ここでは、人間が無意識に持っている欲求に関するフロイトの理論が、合計3つとされています。最初は「無意識の欲求とは性と生存への欲求である」理論、次は「無意識の欲求とは愛と攻撃性である」理論、最後は「無意識の欲求とは生と死である」理論です。

あなたなら、フロイトが理論を変えた回数は「二度」だ、それ以外ありえないと思いこむところかもしれません。しかし、ここではそれが「三度」と記されています。

算数の数えまちがいが著者や編集者の目をかいくぐって、一般の書籍に出てくることは、現代日本ではきわめて稀だと考えてよいでしょう。これは算数の問題ではなく、ことばの問題です。そういう言い方が日本語にあるのです。

では、どうしてこのような言い方が生まれるのでしょうか？

ここで、「1時間歩き続ける」という表現を考えてみましょう。この表現は図1のように、「歩く」というデキゴトが「1時間」並んでいることを表しています。

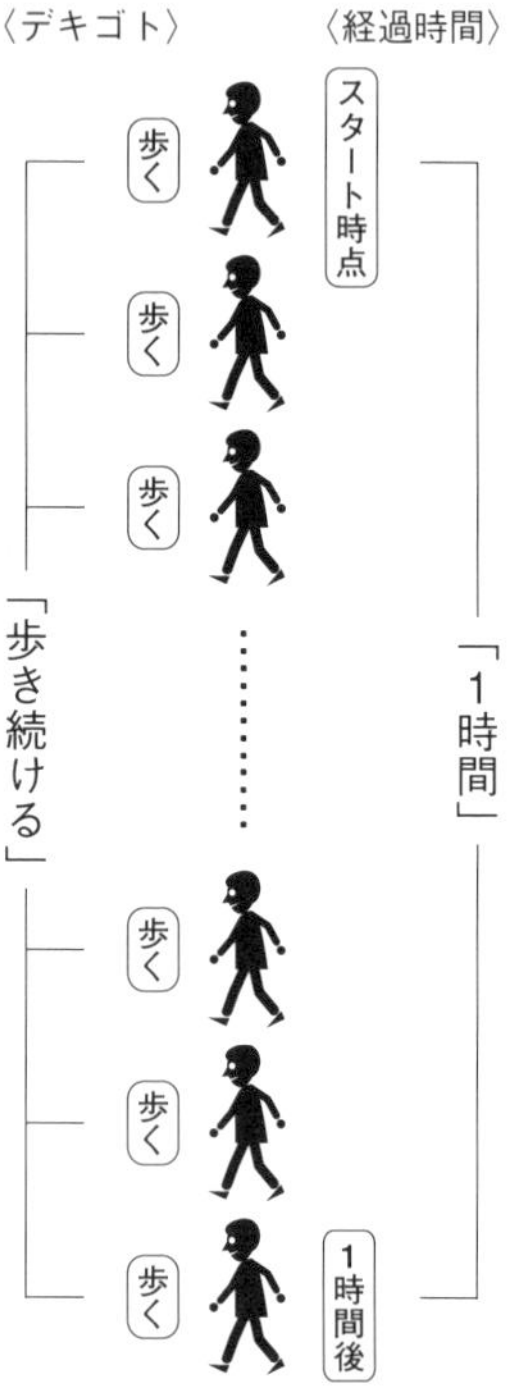

図1

スタート時点では「歩く」であって、決して「歩き続ける」わけではありません。それでも「1時間歩き続ける」という表現は自然な日本語です。つまり、「歩く」の連続をずっと見ていってそれが「1時間」あると言う一方で、これが全体として「歩き続ける」というデキゴトだ、と言っているだけです。「1時間歩く」の「1時間」は「歩く」に意味的にかかっていますが、「1時間歩き続ける」の「1時間」は「歩き続ける」に意味的にかかっていません。

同じことが「本を最後まで読み終わる」のような表現にも言えます。「本を読む」ことが「最後まで」並べば、「本を最後まで読む」だけでなく「本を最後まで読み終わる」とも言えますよね。「読み終わる」のは「最後」の一瞬だけで、「読み終わる」ことが「最後まで」続いたわけではないのに。これも、「読む」の連続をずっと見ていって「最後まで」と言う一方で、これが全体として「読み終わる」というデキゴトだ、と言っているだけで、ここでも「最後まで」は「読み終わる」にかかっていません。

いま取り上げている表現も、これらと似ています。

算数どおりに見える「3回名称を変える魚」という言い方は、問題の魚の名称の変遷を、「魚が名前を変える」というデキゴトが「3回」ある、ととらえています。それに対して「4回名称を変える魚」という言い方は、そもそもデキゴトが何回あるかというとらえ方をしていません。「オボコまたはスバシリ」「イナ」「ボラ」「トド」と、名称を1つ1つ時間順に見つけて「4回」と言う一方で、これが全体として「魚が名称を変える」というデキゴトだと言っているだけです。

「3回〜」の方では、「3回」が「名称を変える」にストレートにかかりますが、「4回〜」の方は、「4回」は厳密には「名称を変える」にかかってはいません。そのかかり方にねじれがあると言うべきかもしれません。そこが大きな違いになります。「3回」や「4回」のような度数表現は、「変える」のような述語にぴったりとかからなくてもいいのです。

算数に合わないように見える「〜回名称が変わる魚」表現には、この他にも大切な特徴があります。この表現は、実は名称が3つ以上なければ成り立たないということです。仮に名称が全部で2つしかなければ「2回名称が変わる魚」とはふつう言えず、「1回名称が変わる魚」のように、算数どおりに見える表現しかできません。

「要素が2個以上で成り立つのか、要素が3個以上で成り立つのか」の違いは、その表現が「同質性を伝える表現か（2個以上）、異質性を伝える表現か（3個以上）」の違いだと言えます。「~回名称が変わる魚」は名称が変わることを述べていて、つまり異質性の表現です。

ほとんどの人の語感では、たとえば一郎がA組で二郎もA組という場合に「クラスは2人とも同じだ」と言うことはできますが、一郎がA組で、二郎がB組という場合に「クラスは2人とも違う」と言うことはできません。A組の一郎、B組の二郎にC組の三郎が加わってはじめて、「クラスは3人とも違う」と言えるようになります。「クラスは~人とも同じだ」のような同質性の表現は、要素が2個（一郎・二郎）あれば成立するけれども、「クラスは~人とも違う」のような異質性の表現は、要素が3個（一郎・二郎・三郎）必要ということです。

算数に合わないように見える表現でも、同質性の表現であれば、要素が2個以上で成立します。失敗が合計2つしかなく、「失敗をくり返す」ことは1度しか起こっていないはずなのに「失敗を2度くり返す」などと言うのは、その例です。これとは異なり、名称が次から次へと違うものになっていく「~回名称を変える魚」は異質性の表現で、要素は3個以上必要です。

Q.6

「1時間おき」と「1日おき」

病院で「錠剤は1時間おき、
カプセルは1日おきに飲んでください」と言われたとする。
きょう、1時に錠剤とカプセルを飲んだ場合
こんどはいつ、錠剤を飲めばいいだろうか？
カプセルはどうだろうか？

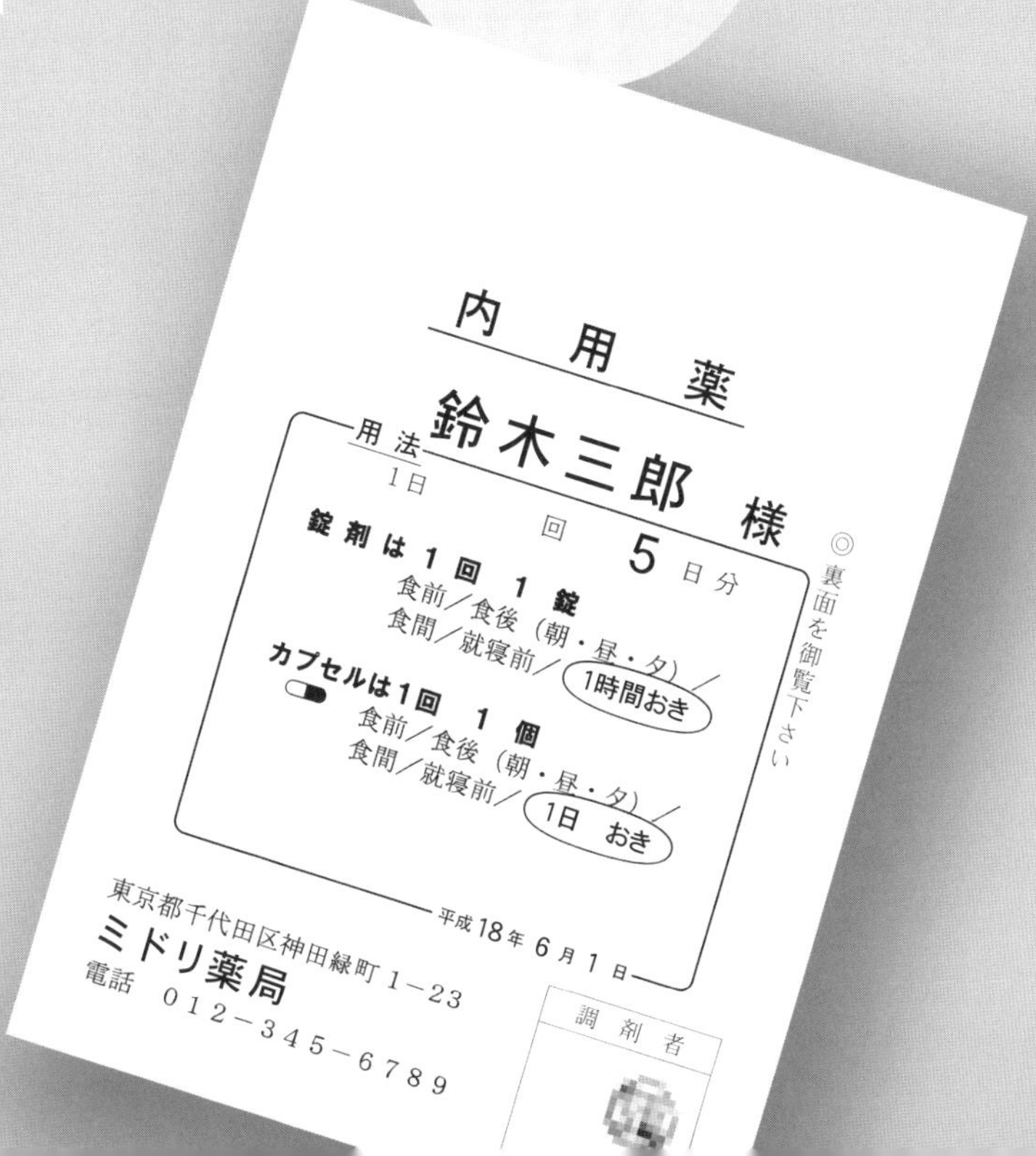

A. ふつう、錠剤は2時（1時間後）、カプセルはあさって（2日後）に飲むべきである。

「1時間おき」に飲む錠剤は、いま飲んだ次は1時間後に飲むというのが、ほとんどの人の感じ方です。これと同じように考えれば、「24時間おき」に飲む薬は、24時間後に飲むべきということになります。しかし、「1日おき」に飲むカプセルは、大多数の人が24時間後の「あした」ではなく、「あさって」（2日後）飲むべきと答えます。

このように、同じ「〜おき」という形でも、「1日おき」と「24時間おき」では意味が違います。というのは、「1日」と「24時間」は意味が違うからです。もっと言うと、私たちの心の中で、「日」という時間単位と、「時」という時間単位が、同じようなものではないからです。

たとえば「1時までに出してください」と言われた書類を、1時40分に出すのはアウトでしょう。1時40分は「1時」には含まれません。「1時」とは時間幅のない、1時0分0秒0000…という一瞬の時刻です。時間軸上の目盛りです。

そもそも時間軸とは、時間が経過するというデキゴトをはかるモノサシです。したがって、時間軸上の目盛りである「1時」のような時間表現は、デキゴトと強く関連しているということになります。その「1時」という目盛りから間隔を1時間おくとすれば（これが「1時間おき」です）、次は1時に1時間という時間経過を加えた2時になります（図1）。同様に、「24時間おき」で24時間の間隔をおくなら、次は1時に24時間を加えた翌日の1時になります。

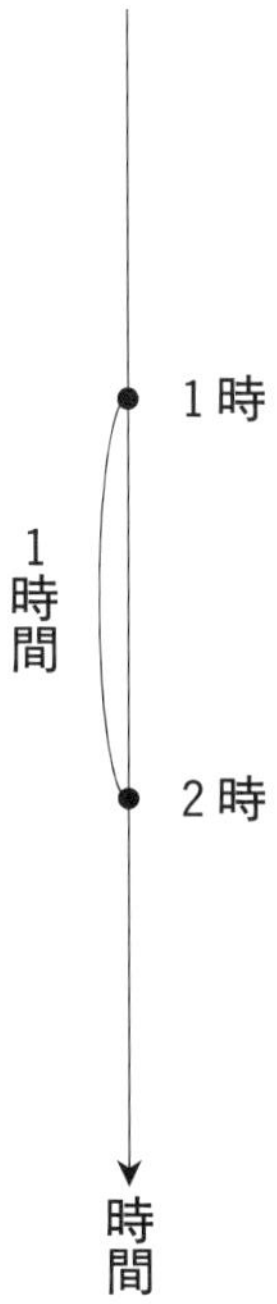

図1

これに対して「1日」というのは、0時0分0秒0000…から23時59秒9999…までの24時間という期間、つまり大きさを持っています。したがって「1日」は、時間軸上の目盛りではありません。むしろ、ミカン箱のようなモノです。ミカン箱は、何々立方センチメートルといった具合に大きさを持っていますから。

暦の起点は「1世紀、元年（つまり1年）、1月、第1週、1日」の「0時0分0秒」です。「世紀」「年」「月」「週」「日」のように、上位の時間単位は皆、大きさを持っており、ミカン箱を「1つ、2つ、……」と1から数えるように1から始まります。これに対して「時」「分」「秒」のように下位の時間単位は皆、大きさのない時間軸上の目盛りで、0から始まります。

ミカン箱が一列に並んでいる時、「ミカン箱に1つおきに×印を付ける」と言えば、印を付けるミカン箱どうしの間に、印を付けないミカン箱を1つおくことになります。結果として、印を付けるミカン箱から、次の印を付けるミカン箱までは2箱の距離になります（図2）。

図2

「1日」は大きさをもったモノなので、「1日おき」の解釈もミカン箱の例に準じやすくなります。そうなると、カプセルを飲んだ日（きょう）と、次にカプセルを飲む日の間に、カプセルを飲まない日を1つおくので（あした）、次にカプセルを飲む日は2日後のあさってになります。

類例

数が変わることによっても、解釈は違ってきます。「ミカン箱に1つおきに×印を付ける」なら、箱の配列は、

×—□—×—□—×…

とイメージされやすいけれども、これがたとえば「ミカン箱に4つおきに印を付ける」なら、

×—□—□—□—□—×—□—□—□—□—×…

という同様の配列よりも、

×—□—□—□—×—□—□—□—×…

という配列の方がイメージされやすくなります。つまり「4つおき」の「4つ」という間隔が、「箱4つ」というモノではなく、「4箱分の移動」というデキゴトでとらえられやすくなります。

なぜこのようなことが起こるのか、ですが、表現される数が「1」なら、ミカン箱の「1つおき」の配列パターンは、

×－□－×

のようにまるごとイメージできるのですが、

×－□－□－□－×

のように配列パターンが長くなると、それだけまるごとイメージしにくく、どうしても心の中で「4箱移動するたびに×印有り」のように、ミカン箱からミカン箱への移動を組み込んでイメージしてしまいがちです。そうなると、間隔は「〜箱分の移動」というデキゴトとしてとらえられやすくなり、デキゴト解釈が強くなるというわけです。

Q.7

「10枚」と「10PACK」

写真右は、電子メディア（MO）を
10枚まとめて1パックにした商品で、
パッケージ左スミに「10枚」と表示がある。
写真左は、やはり電子メディア（CD）を
まとめてパックにした商品で、
パッケージ左スミには「10 PACK」と表示がある。
左の商品には、
CDが何枚まとめられているのか？

●日立マクセル株式会社「データ用CD-RW」（CDRW80MIX.1P10S）／「3.5型光磁気ディスク（MO）」（MA-M640CC.WIN.10P）

A. 10枚。

10パック、つまりパックが10個あるからCDは100枚、というわけではありません。パックが10個あるなら「10 PACK」ではなく、最後に「S」が付いた「10 PACKS」になるはずです。最後に「S」がない以上、パックは10個ではなく1個です。そして、その1個のパックにCDが10枚入っているというのが、「10 PACK」という表示の意味するところです。缶ビール6本がセットになったものがよく売られていますが、あれも英語でsix-packと言います。「10枚」という表示も、「10 PACK」という表示も、中にメディアが10枚入っているという点では変わりません。

このように「10 PACK」の「10」は、パックの個数ではなく、パックの中身を表しているわけですが、こういうことは他にもあります。

区内の全校で、同日同時、いっせいに防犯パトロールが実施された。

と言えば、「全校」はすべての学校という意味になりますが、

県大会で準決勝に進出が決まり、全校でスタジアムへ応援に行くことになった。

では、「全校」は一つの学校の中を問題にしています。一年生だけとか二年生だけとかではなく、その学校のすべての学年で、という意味です。
「全」と似たことが「じゅう」にも見られます。たとえば、

噂はまたたく間に学生じゅうに伝わった。

と言えば、すべての学生という意味ですが、

村じゅうの誰もが、そのことを知っている。

の「村じゅう」は、すべての村ではなく、1つの村の中すべて、という意味になります。

重要なことは、パックや学校や村は、ふつうのモノではなく、「容器」だということです。たとえばパックには、MOであれCDであれ、電子メディアが何枚か入っています。つまりパックは、電子メディアというモノの集団を中身に含んだ、一つの容器です。

同じように、学校は、学生というモノの集団を中身として含む容器です。村も、村人というモノの集団を中身として含む容器です。

ふつうのモノ（たとえば村人）は、それ自体がたくさん集まることで、集団（たくさんの村人）を作ることができます。これに対して容器（村）は、たくさん集まらなくても、つまり1つだけでも、その内部に集団（村人たち）があります。

「10」「全」「じゅう」などは、集団の要素数や割合を述べる表現です。

これらは、ふつうのモノの表現に付けば、モノの集団を修飾するしかありません。が、容器の表現に付けば、容器の集団を修飾する場合の他に、1つの容器が内部に持っている中身の集団を修飾することもできます。

「10 ＰＡＣＫ」「全校」「村じゅうの誰もが知っている」は、まさにそれです。

同じようなことは、さらに単語にも観察されることがあります。たとえば、

毒入りのミカンジュース
つぶ入りのミカンジュース

は、毒やミカンのつぶがジュースに入っているわけです。このように、ふつう「A入りのB」と言えば、「Aが入っているB」、つまりAが包含される中身でBが包含する外側という意味になります。

ミカンジュースに入っている毒、という意味で、

ミカンジュース入りの毒

などと言うことはありません。

ところが、Aが「缶」「箱」のように容器である場合は例外になります。「A入りのB」は、

缶入りのミカンジュース
箱入りのミカンジュース

のように、「Aに入っているB」という意味を表せます。Aが容器なら、「A入り」という単語は、「Aに入っている」つまり「Aの中身の」という意味を可能にします。

「容器」というモノは、実はわれわれの心の中で、特別な位置を占めているようです。

Q.8

これは たいへんなものですよ

『ドラえもん』には、のび太が
「これはたいへんなものですよ」と、
丁寧な口調でひとりごとを言うシーンがある。
のび太はなぜ、
丁寧な口調でひとりごとを
言っているのか?

●藤子・F・不二雄『ドラえもん』, 小学館, 第7巻, p.159
(©藤子プロ・小学館)

A. のび太は評論家のキャラクタに変身しているから。

先日、電車の中で、いい年をしたおじさんが、

くやしいでしゅ

などとメールを打っているのが肩越しに偶然見え、ドキドキしてしまいました。人は見かけによらないわけで、大人でも、人や状況によっては、「す」を「しゅ」と拗音化して、幼児のフリをすることがあります。一般通念では、くやしさをさらけ出すのは幼児です。それならくやしさをうったえるには、幼児のようになってうったえる方がわかりやすく楽しいかもしれません。

このように、自分とは異なる位相（年齢、性別、地域、職業など）の人物になってみせることを楽しむ「変身文化」は、日本では活発です。インターネットの文章から例を挙げてみましょう。

拙者ドライブに行ってきたでござる。

[http://k-g-shooting.hp.infoseek.co.jp/q&a.html]

これは「拙者」「ござる」からすればサムライの言い方ですが、現代日本にはサムライは実在しません。書き手がサムライのキャラクタに変身して書いているのです。

はじめましてでおじゃる。まろも富山東高校の1年生でおじゃる。

[http://www.kenet.jp//bbs/bbslog/houmon3.html]

これも、自称高校1年生が平安貴族（あるいは、平安貴族をモデルとしたアニメのキャラクタ「おじゃる丸」）に変身して書いたものです。「おじゃる」は平安時代よりもっと後の、室町時代末から江戸時代初期にかけての京都の庶民ことばだそうで、本物の平安貴族は「おじゃる」などとしゃべっていません。でも、イメージとしては、「おじゃる」はいかにも平安貴族ですね。変身には、このイメージが大切です。マンガでは、

そうだワン（イヌ）
やるニャー（ネコ）
困ったぴょん（ウサギ）
オレと結婚しろニャロメ！（ニャロメ）

のように、動物が自分の名前や鳴き声、挙動の表現を末尾に付けてしゃべることがあります。これもキャラクタの表現です。

ひとりごとで「これはたいへんなものですよ」なんて言いそうなのは、どんな人でしょう――こういう質問をまわりの人にしてみると、たいてい、次のような答が返ってきます。

ひとりごとで「です」のような丁寧な表現を使うのは、若者ではない。中高年の知識層だ。最後の「ですよ」の部分には、「私はモノの真価がわかるから教えてあげましょう」といった、専門家、通をきどったところが感じられる。こういう物言いは男性に決まっている。つまり、この人物は中高年男性の知識層である。

ごらんのとおり、この「プロファイリング」はほとんど当たっていません。これは男性とはいえ、モノをほとんど知らない、のび太という小学生のセリフです。

念のために言っておきますが、この、のび太という小学生はいつも丁寧な口をきいているわけではありません。ふだんののび太は、

家へ入るの、気が重いな。今日のテスト0点だったからな ［21巻、123ページ］

いやな世の中だなあ ［30巻、102ページ］

あ〜、よくねた ［36巻、80ページ］

のように、丁寧でない、ふつうの言い方でひとりごとを言っています。

ではなぜ、のび太は丁寧な口調で「これはたいへんなものですよ」のようなひとりごとをつぶやいているのでしょうか？

それは、のび太が、自分が手に入れたものを「専門家のキャラクタ」に変身して鑑定して、自分の喜びを倍加させようとしているからではないでしょうか。

先ほど紹介したプロファイリングは、実はまったくの的はずれではなく、「専門家のキャラク

タ」のイメージを正確に言い当てています。

『ドラえもん』は保守的なマンガなので、登場人物はコマごとに変身したりしませんが、もしこれが比較的最近の一部のマンガなら、のび太はこのコマでは、たとえば髪をオールバックになでつけてパイプをくゆらしたり、あるいは和服姿でヒゲをはやして「いい仕事がしてありますねー」などとつぶやいてみせたり、そこでメガネのフレームがキラーンと意味ありげに光ったり、いかにも専門家らしい知識層の中高年男性の姿に変身してみせるところでしょう。

キャラクタに変身することを楽しむ文化は、マンガのように登場人物がそれこそ自由に変身できる世界や、インターネットという、発信者の姿が見えない匿名の文字コミュニケーションの世界で花開いたと言えます。

現実のおじさんが首をかしげてエプロンの端などをかんでみせ、シナをつくってみてもきもち悪いだけですが、顔かたちが見えず、字体の個性すらない匿名の文字コミュニケーションの世界では、書き手が誰なのか、おじさんなのか、サムライなのか、平安貴族なのか、突き止めようがありません。だからこそ、私たちはそれを楽しむようになったと言えるでしょう。

Q.9

死神博士の驚き

下の空欄に当てはまる適当なことばを
①〜④から選べ。

死神博士：これで街は大混乱。
うわっはっはっは……
仮面ライダー：そうはさせん！
死神博士：その声は、[　　　　　]

①か、仮面ライダー！　②か、面ライダー！
③かー仮面ライダー！　④かー面ライダー！

●写真：『講談社オフィシャルマガジン　仮面ライダー特別版ショッカー』p. 9
（Ⓒ石森プロ・東映）

A. ①「か、仮面ライダー！」

世界征服をたくらむ国際秘密組織「ショッカー」の大幹部、死神博士が高笑いをしているところへ、正義の味方、仮面ライダーが突如現れる。その声に驚いた死神博士が、「仮面ライダー」の名を叫ぶ、というシーンです。

このように、その場に存在するモノ（仮面ライダー）に驚き、その名前をつっかえつつ叫ぶという場合は、「かー」などと音を伸ばす「延伸型」ではなく、「か、」のように音をとぎれさせる「とぎれ型」でつっかえます。

そしてつっかえた後は、残りの部分「面ライダー」をそのまま続けてしまう「続行方式」ではなく、単語「仮面ライダー」の最初に戻って言い直す「語頭戻り方式」でつっかえると、決まっています。

別のシーンを考えてみましょう。

死神博士：おい、しっかりしろ。誰にやられたんだ!?

戦闘員：□［ガク、と気絶する］

こんどは、仮面ライダーにやられた戦闘員が死神博士に抱き起こされて「誰にやられたんだ!?」とたずねられ、息も絶え絶えに「仮面ライダー」の名を告げて気絶するというシーンです。この場合は、

か、かめんライダー［ガク］

か、めん、ライダー［ガク］

という具合に、とぎれ型で答えるのは自然ですが、

かーかめんライダー［ガク］

かーめんーライダー［ガク］

と言うのは不自然でしょう。

このように、苦しみながらのつっかえは、延伸型ではおこなわれず、とぎれ型でのみおこなわれます。驚いているのか、それとも苦しんでいるのかで、つっかえ方は違うということです。

最近ほら、テレビでやってますよね。ほら、□でしたっけ。

のように、うろ覚えの単語を自信なさげにためらいながらつっかえる場合は、驚きや苦しみのつっかえとはまた違っていて、

か、仮面ライダーでしたっけ。
か、面ライダーでしたっけ。
かー仮面ライダーでしたっけ。
かー面ライダーでしたっけ。

のように、特に制限はないようです。

とはいえ、ためらいの場合も、型と方式に傾向がないわけではありません。たとえば家電店のベテラン店員は、

ざいこーないーですね

などと、延伸型のつっかえを多用して「いっぱしの専門家っぽい」「余裕がある」「ちょっと生意気」といった雰囲気をふりまきながら、さもベテラン風につっかえます。また、新入店員はいかにも新入店員らしく、

ざいこ、ない、ですね

のように、余裕がなさそうにつっかえます。さらに、

財政改革、うーを進めていく際に、大きな障害と、おーなりますのは

のように、政治家のような「権威者（えらい人）」は、単語や文節の末尾でまずとぎれを起こし、その直後に延伸を起こすことがよくあります。この技（とぎれ延伸型のつっかえ）は、あまり準備していない公式の発言をさせられ、言質をとられないかなどと警戒しながらしゃべる時によく現れます。

つっかえという現象は一見、ただのまちがいのように思えますが、実はこのように、態度に応じてパターンが異なり、話し手のキャラクタともつながっています。

Q.10

トマソンって、たまにあるよね

あ、トマソンというのは、

「不必要で、そこにあると変なモノ」とでもいうの?

たまにあるよね?

[http://diarynote.jp/d/22804/-0-450.html]

トマソンは「たまに」ではなく、
そこに「いつも」あるはずでは?

●無用門(赤瀬川原平編(1996)『トマソン大図鑑　無の巻』, ちくま文庫, p. 131 発見者=杉浦雅貴)

A. トマソンは街を歩き回る我々の目の前に「たまに」ある。

画家・作家の赤瀬川原平氏によれば、「トマソン」とは「不動産に付着していて美しく保存されている無用の長物」だそうです。たとえば、問題に挙がっている写真は、土地という不動産に付着していますが門としてはまったく機能していない「門」です。

建造物に「付着」したまま「保存」されているモノですから、トマソンは基本的に動きません。したがって、トマソンは同じ場所に「いつも」存在しているはずです。

しかし実際には、いつも存在しているモノを私たちが「たまにある／いる」などと表すことは、めずらしくないようです。

しかし、たまには愛称で呼ばれるのを嫌う人間がいるから注意が肝腎だ。

［藤原正彦（1981）『若き数学者のアメリカ』新潮文庫、132ページ］

ときどきあるんですよ、石垣にパイプが生えてる城が。ふつう、城の石垣には水はけをよくするための工夫があるんだけど、復元するとき、めんどくさがって手抜きしてパイプを指しこんでごまかしているんだと思う。

[http://www.shirofan.com/best/22.html]

山陽道の景色はあまり面白みがない。海が見えない。しょっちゅうトンネルがある。その度に窓を閉めたり開けたりした。

[http://park.zero.ad.jp/~zbk12891/simanto.html]

家のリビングから古墳が見える家はめったにないはずで、それだけで、気に入ってしまった。[http://www8.plala.or.jp/morinolog/stay/2002m.htm]

私自身も、人から、

定延《さだのぶ》なんていう名字の人、めったにいないでしょう。

なんて言われることがあります。

「ええ、そうですね」と笑って答えていますが、これはたとえば、

定延という名字の人間は、200年に1度どこからともなくどっと発生するけれど、なぜかすぐに絶滅してしまう。したがって日本の長い歴史を通して見ると、定延姓の人間は存在していない時期が多い。

といった意味の「めったにいない」ではもちろんないでしょう。定延姓の人間は少数ではありますが、たえずこの世に存在してきました。だからこそ私が今いるわけです。

一般に、「たまに」「ときどき」「しょっちゅう」「めったに〜ない」などの語句は、

たまにご飯を作る。
ときどきご飯を作る。
しょっちゅうご飯を作る。

めったにご飯を作らない。

のように、デキゴト（いまの例なら「ご飯を作る」）が生じる頻度を表します。つまり、これらの語句を使うには、まず、デキゴトが表現されていなければいけません。

いま問題にしている表現の場合も、デキゴトはちゃんと表現されています。「トマソンがたまにある」を例にとって言えば、「たまに」は、「自分の目の前にトマソンがある」というデキゴトが生じる頻度を表しています。「自分の目の前にトマソンがある」というのは状態であるだけでなく、りっぱなデキゴトでもあります。

世界の中を歩き回れば、いろいろな風景が次々と自分の目の前に現れます。その結果、「自分の目の前に郵便ポストがある」とか「自分の目の前に田中さんがいる」とかいう状態になりますが、これらはこのままではただの状態であって、デキゴトではありません。

状態がデキゴトになるには、「ここはどんなところだろう？　何があるだろう？　見てやろう」という私たちのきもちが必要です。このきもちを持って世界に立ち向かう時、私たちは「冒険」しており、一瞬一瞬を生きている、体験していると言えます。状態がデキゴトになるとはそういうことです。目の前にトマソンを見つけてワクワク、ドキドキするとは、「目の前にトマソンがある」のような一瞬の状態がデキゴトになるということです。「自分の目の前にトマソンがある」というデキゴトがたまに生じるということですから、「トマソンがたまにある」ということになります。（私たちはいつも「自分の目の前」にあるモノしか見ないので、「自分の目の前に」の部分はとりたてて表現しません。）

たとえば、自宅付近にところどころテニスコートがあるからといって、これを、

うちの近所にはテニスコートがたまにある。

などと言うことはあまり自然ではないでしょう。というのは、私たちは自宅付近がどんな様子かを、よく知っているからです。いや、本当はよく知らないかもしれませんが、他人に対してはふつう、よく知っていることとして表現するからです。ここには世界に立ち向かう「冒険」のきもちがないので、状態［自分の目の前にテニスコートがある］はデキゴトにはならず、ただの状態のままであり、「たまに」などの頻度表現は不自然になります。

Q.11

次の停車駅は？

特急列車の車掌が、
車内アナウンスで次の停車駅を告げている。
空欄に当てはまることばとして適当なものを
①〜③から選べ。

次は ＿＿＿＿ 。

①三宮です
②三宮にとまります
③三宮までとまりません

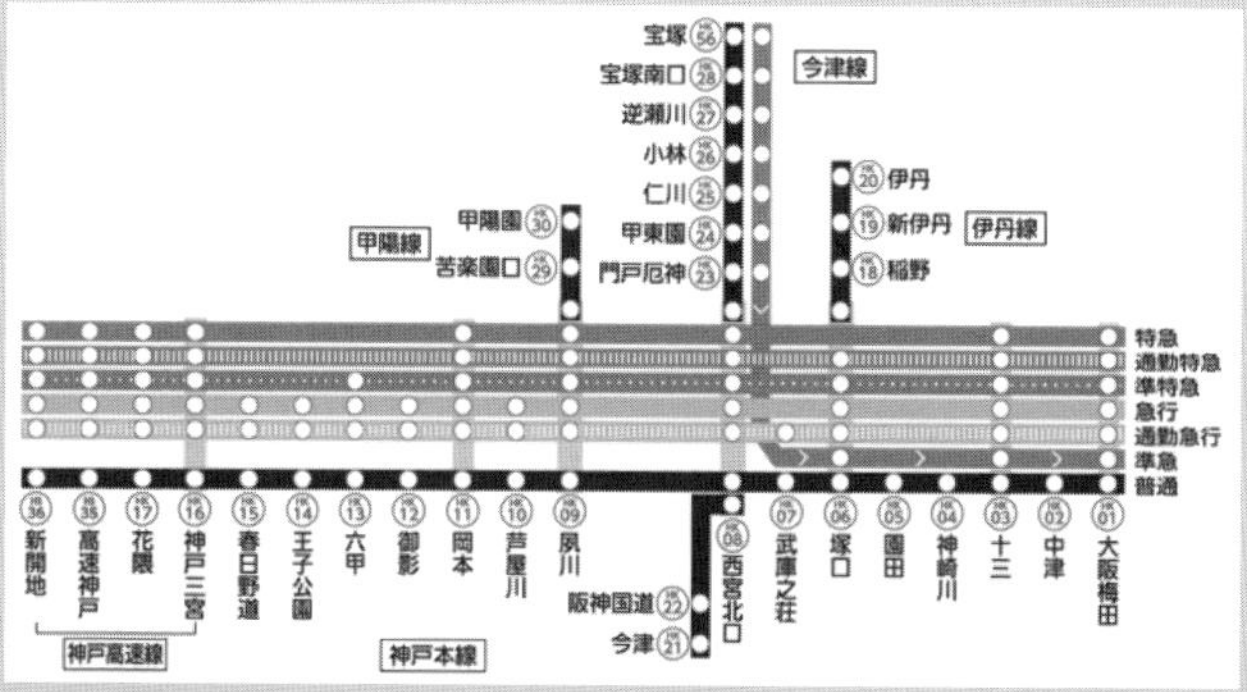

●阪急電鉄神戸線の路線図

※三宮駅は2014年に神戸三宮駅に駅名が変更されましたが、本文中では煩雑になるのを避けるため「三宮」と表記しております。

A. ①②③どれでもよい。

「次は」の「次」とは「次の停車駅」のことでしょう。そして、

次の停車駅は三宮です。

はいいけれども、

次の停車駅は三宮にとまります。
次の停車駅は三宮までとまりません。

はおかしいですね。では、①「次は三宮です」は正しいけれども、②「次は三宮にとまります」や③「次は三宮までとまりません」はおかしい、と考えるべきでしょうか？

どうもそうではなさそうです。③「次は三宮までとまりません」は、阪急電鉄で平成17年9月まで使われていた言い方で、②「次は三宮にとまります」はいまも使われています。たしかに「次は」は「次の停車駅は」のことだけれども、「次は」と「次の停車駅は」は別物のようです。しゃべっているうちに、自分のしゃべったことばに触発されて新しい考えが浮かび、話の内容が変わっていくことは誰にでもあるでしょう。また、新しく思い浮かんだ考えに、いましゃべっていることばが影響されるということもあるでしょう。しゃべりながら考え、考えながらしゃべるのがことばの常態といえます。しゃべる場合だけでなく、文章を書く場合も、程度差はありますが基本的に同じです。たとえば次の例を見てください。

パソコンを難しいと思う人と、パソコンがわからない人が増えてしまう原因は、用語の難解さはもとより、パソコンが何をやっているのか目で見えないからです。

［野口敬（1995）『買う前にわかるWindows 95の素朴な疑問』、日本実業出版社、58ページ］

ここでは、「～原因は…ことだ」構文の前半「～原因は」と、「～のは…からだ」構文の後半部「…からだ」が混ざって呼応がくずれ、「～原因は…からだ」という重複した言い方になっています。前半でどんな構文を使ったのかは、後半に突入してしゃべったり考えたりしているうちに忘れられてしまって、構文の途中乗り換えが生じたのでしょう。

車内アナウンスの話に戻りましょう。「次は」と比べて「次の停車駅は」の場合に呼応がくずれにくいのは、「次の停車駅は」と言うと停車駅のイメージが具体的で明確になり、それだけ記憶にとどまりやすくなるからです。逆に言うと、「次は」の場合は停車駅を具体的に述べておらず、「いま、自分は次の停車駅のことを言っているのだ」という意識が弱いので、「三宮にとまります」「三宮までとまりません」などとつながりやすいわけです。

阪急電鉄が③「次は三宮までとまりません」のアナウンスをやめて、②「次は三宮にとまります」に改めたのは、呼応くずれを避けるためというよりも、別の解釈が生じる余地をなくすためなのかもしれません。

その学校は、9月まで夏休みだ。

という文は、9月が夏休みともとれるし、9月は夏休みではなく新学期ともとれます。どちらにしても「9月まで」の「9月」は夏休みの終わりを表していますが、9月のイメージが違います。

9月を、9月1日から30日までの30日間という期間（大きさ）を持ったモノとイメージすれば、「9月まで夏休みだ」は9月いっぱい夏休みという意味になります。

また、9月の期間などは考えずに、「9月まで」を「9月になるまで」とほぼ同じように、「9月になる」というデキゴト絡みでイメージすれば、「9月まで夏休みだ」は夏休みは8月末で終わりという意味になります。

つまり、問題のあいまい性は、9月がモノ的にも、デキゴト的にもとらえることができるということから生じています。同じことが駅についても言えます。

次は三宮までとまりません。

と言えば、「とまらない駅」に三宮駅が含まれるのかどうかというあいまい性が一応あります。「三宮まで」が「三宮に着くまで」のように、デキゴト的にとらえられるなら、特急列車は三宮駅にとまります。反対に、三宮駅が列車の移動から切り離されて、単なるモノ（建造物）ととらえられれば、特急列車は三宮駅にとまりません。「今回は落雷で、阪急神戸線はたくさんの駅が停電になった。具体的には、西宮北口《にしのみやきたぐち》から三宮まで停電になった」と言えば、三宮駅も停電になった駅の一つだと感じられるのと同じことです。
井上ひさし氏は著書『ニホン語日記』(文藝春秋)の中で、

……東京駅―有楽町駅―新橋駅……

という駅の配置を題材にした、「新橋駅は東京駅から2つ目か3つ目か?」という問題に対する日本語話者の判断について、1936年の調査(「時事新報」という新聞による)と、1970年の調査(石塚晴通氏による)を紹介しています。それによれば、「2つ目」と判断する話者は、1936年の時点では約6割であったのに対して、1970年の時点では9割強と増え、「3つ目」派は激減しています。

井上氏はこれを「一つの云い回しにも盛衰や消長のあること」としか述べていないのですが、これは列車利用が日常化したことの反映だと私は見ています。私たちが鉄道の利用に慣れ、列車利用が当たり前になるほど、駅は単なるモノ(建造物)ではなくなり、デキゴト(列車による移動)と関連づけてとらえやすくなるのではないでしょうか。

Q.12

夜もふけてまいりました

「夜もふけてまいりました」は、夜の他に何がふけたのか?


「マッチ1本、火事のもと」

「火のよーじん」

「夜もふけてまいりました。おやすみ前に火の元、戸締まりをお確かめ下さい」

●弘前市大沢地区少年消防クラブ

A.

特に何もふけていない。

「も」は、いま表そうとする情報が、既存の知識と似ていることを表します。が、ひとくちに「既存の知識」といってもさまざまなものがあります。たとえば、

田中は無口だ。
そういえば鈴木も|おとなしい。

と言う場合、「鈴木もおとなしい」の「も」は、いま表そうとする情報［鈴木がおとなしいこと］が、既存の知識［田中が無口なこと］と似ていることを表しています。

田中も|無口だし、鈴木も|おとなしい。

には2つの「も」がありますが、後ろの「鈴木も」の「も」はいま紹介した「も」と同じです。前の「田中も」の「も」は、自分がいま表そうとする情報［田中が無口なこと］が、すぐその後に続けてしゃべるつもりで脳裏にはっきり浮かべている情報［鈴木がおとなしいこと］と似ていることを表しています。客観的にみれば、情報［田中が無口なこと］をしゃべっている時点では、情報［鈴木がおとなしいこと］は表されておらず、「既存の知識」らしくありませんが、話し手の内心では、次にしゃべる情報としてはっきり意識されていれば「既存の知識」になります。

これまでに紹介した「も」は、文の主部（「鈴木も」「田中も」）に現れていましたが、

田中は酒も飲み、飯も食った。

のように、「も」が主部（「田中は」）ではなく述部（「酒も飲み、飯も食った」）に現れることもあります。基本的に、「も」が主部に現れるのは、いま表そうとする或るモノ（たとえば田中）についての情報（［無口なこと］）が、別のモノ（鈴木）についての既存の知識（［おとなしいこと］）と似ている場合です。そして、「も」が述部（たとえば「酒も飲み」）に現れるのは、1つ

のモノ（田中）についていま表そうとする情報（「酒を飲んだこと」）が、その同じモノ（田中）についての別の既存の知識（「飯を食ったこと」）と似ている場合です。

前置きが長くなりました。「夜もふけてまいりました」の「も」は、いま表そうとする情報が、「通念」という既存の知識と似ていることを表しています。ここで通念というのは、田中や鈴木のような個々のモノについての知識ではなく、「世の中とはこういうものだ」という、私たちの住むこの世界についての知識です。通念は一般常識に属するものなので、特に前もってしゃべらなくても、直後にしゃべるつもりでなくても「既存の知識」になります。

この本も気が付けばもう後半だ。
鈴木さんも、もういい歳でしょう。
今年も残すところあと2か月だ。

などの「も」は、いま表そうとする情報（たとえば「この本が気が付けばもう後半であること」）が、「世の中、思ったより早く時間が経つものだ」という通念と似ており、その通念の具体例になっていることを表しています。「夜もふけてまいりました」もこれらと同じです。

夜はふけてもまいりました。

などとは言わないように、この「も」は、述部に現れないという特徴があります。これは、そもそも「世の中とは〜」という通念が、1つのモノではなく、さまざまなモノについての具体的知識からまとめ上げられるものだからです。また、これらの文が詠嘆調になりがちなのは、「世の中とはこういうものだ」という通念が意識されるためでしょう。

通念には「世の中、〜な人間は多い」というパターンがたくさんあります。

獅子舞おもしろかったね。しかし、中の人も大変だろうね。

と言う時の「中の人も」の「も」は、いま表そうとする情報「獅子舞の中の人が大変だ」が、「世の中、大変な人は多い」という通念と似ており、この通念の一具体例であることを表しています。また、

田中もするどいねえ。あんな風に切り返すなんてねえ。

と言う時の、「田中も」の「も」も同様で、いま表そうとする情報「田中がするどい」が、「世の中、するどい人間は多い」という通念の一具体例であることを表しています。

田中は天才だねえ。
田中も天才だねえ。

を比べると、「田中も」の方はあまり自然ではないようです。世の中、天才は多くいませんし、天才を単にするどい人間と一緒くたにして、田中が天才であることを「世の中、するどい人間は多い」という通念の一具体例とすることにも無理があるからです。もっとも、含みを持たせて、

しかし、田中も天才だねえ。わざわざ言わなくてもいいこと言っちゃって。

などと言うことはできますよね。世の中、天才の反対が多いことはご存じのとおりです。

Q.13

ホテルと人妻

次の文章A・Bはともに、桂米朝師匠の『宿《やど》屋《や》仇《がたき》』という落語の一節である。２つの空欄には同じ１つのことばが当てはまる。そのことばとは何か？

A ［昔、宿屋が密集していたのは、お互いの利益のためだったと説明するところ］

そういうと、いまの「温泉マーク」（ラブホテルのこと）**かて、みな固まってますな、あれ大概。あの方がお互いにええらしいんで。あいつ一軒だけやったら、よう流行るやろと思うねけど、やっぱり具合悪いんですなー。なんか、ちょっと入りそびれたら、もうあらへなんだりするさかいに。あれだけ並んでると、二軒や三軒［　　　　］たかて、なんぼでも出てくるさかいに。**

B ［源兵衛が一緒に駆け落ちしようと人妻をだまし、植え込みの陰で自分を追い越させて先を歩かせ、後ろから刺し殺したと告白する場面］

奥方の手を引いて庭の、この裏木戸から逃げようちゅうんで植え込みの陰まで来たときに、［　　　　］といて、後ろからザクッ…

●A・Bとも,『桂米朝上方落語大全集第二集』東芝EMI, TY-7014
●写真提供：共同通信社／米朝事務所

A. 「やりすごし」

「人がラブホテルをやりすごす」場合、ラブホテルは建物ですから静止しており、人が動いています。

逆に「源兵衛が人妻をやりすごしておいて、背後からザクッと刺し殺した」場合は、動いているのは人妻の方で、源兵衛はふつう止まっています。動いているとしても人妻よりは遅い、つまり、より静止に近いでしょう。

このように、モノの動静に関して、Aの「やりすごす」とBの「やりすごす」は対照的で異なっています。

しかし、この異なりは、視点のとりようによっては大きいものではなくなります。

ここで考えたいのは、「自分はいつも止まっていて変わらない。変わるのは自分のまわりの環境だ」という感覚です。

たとえば、自分の体が大きく成長した結果、以前と違ってきつく感じられるようになった服を

「この服は小さくなった」と言うのは、この感覚によるものです。

また、自分が乗った船が岸から遠く離れたことを、「岸が遠ざかった」と、まるで岸の方が動いたような形で言うのも、この感覚に基づいています。日常生活を生きる私たちは誰でも、この感覚を持っています。

やりすごす主体の視点に立って、主体の感覚世界に入ってみると、Aの「ラブホテルをやりすごす」とは、「①静止している自分に向かって移動してくるラブホテルに対して、積極的に何もせず（つまりラブホテルに入らず）、②そのままラブホテルが自分のそばを通過するにまかせる」行動です（図1）。

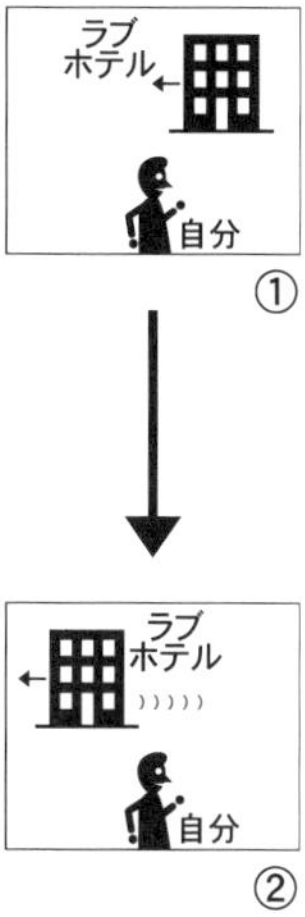

図1

同様に、Bの「人妻をやりすごす」とは、「①静止している自分に向かって背後から移動してくる人妻に対して、積極的に何もせず、②そのまま人妻が自分のそばを通過する（つまり追い抜く）にまかせる」行動です（図2）。

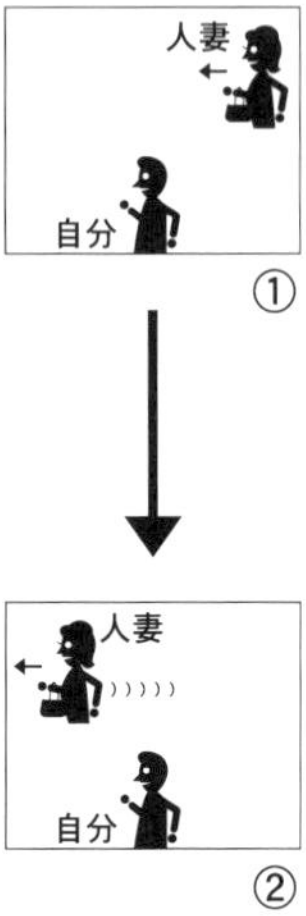

図2

つまり、「やりすごす」という動詞は、「①静止している自分に向かって移動してくる外界物に対して、積極的に何もせず、②そのまま外界物が自分のそばを通過するにまかせる」という意味を持っています。Aの「やりすごす」もBの「やりすごす」も、この点では同じです。

類例

「後ろから迫ってきたナイフをとっさにかわす」のような「かわす」は、特にめずらしくもないでしょう。この「かわす」（「かわす^{1}」）と少し違った「かわす」が、スポーツ雑誌を中心に観察されます。

首位と10秒差の4位でタスキを受けると、すぐにスズキの松岡裕子をかわして3位に浮上。［『陸上競技マガジン』２００５年２月号、ベースボール・マガジン社、１６８ページ］

２着ダンスインザムードは、デュランダルには並ぶ間もなく交わされたが、３歳牝馬ながらマイルから２０００ﾒｰﾄﾙでは、相当の能力があることを証明した。［『優駿』２００５年１月号、日本中央競馬会、48ページ］

トップグループが２度目のピットへ向かったレース中盤、バットンがライコネンをかわし３番手にポジションを上げる。［『F-1グランプリ特集　2004-2005 GRAND PRIX YEAR BOOK』、ソニー・マガジンズ、63ページ］

これらの「かわす」（「かわす[2]」）は、「追い抜く」「抜かす」とほぼ同じ意味で、マラソン、競馬、カーレースなど競争競技のジャンルで使われています。

「やりすごす」の場合と似て、「かわす[1]」と「かわす[2]」は、主体の感覚に共通する部分があります。

たとえば「ナイフをかわす$_1$」とは、「①自分に向かって移動してくるナイフが、②自分のそばを通過するようにする」という衝突回避の行動です（図3）。

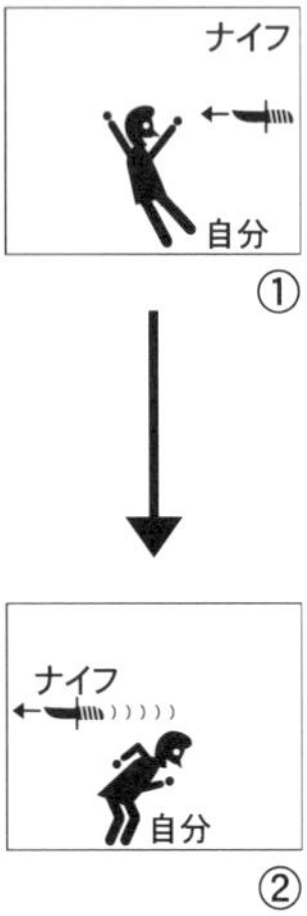

図3

またたとえば、「松岡選手をかわす$_2$」とは、「①自分に向かって移動してくる（つまり自分より遅い）松岡選手が、②自分のそばを通過する（つまり自分の後ろに順位を下げる）ようにする」という追い抜き行動です。

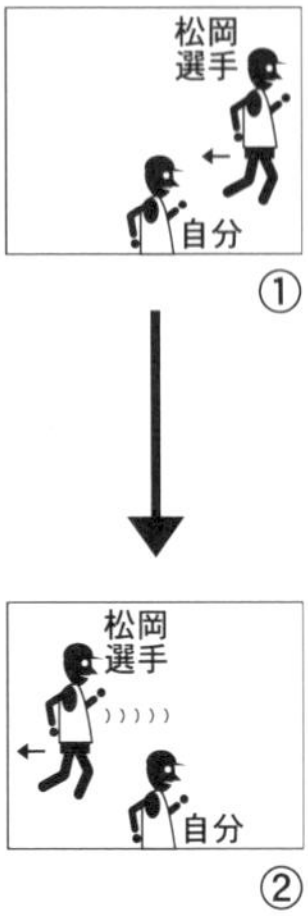

図4

このように「かわす$_1$」と「かわす$_2$」は、「①自分に向かって移動してくる外界物が、②自分のそばを通過するようにする」という共通の意味があり、まったくの別物ではありません。

Q.14

「ヘリコプターがある」か「ヘリコプターがいる」か

正しい方を丸で囲め。

(1) この倉庫には旧式のヘリコプターが2機［ある・いる］。
(2) 急げば間に合うかも。ヘリコプターはまだヘリポートに［ある・いる］んでしょ。

●©JAXA

A. (1)「ある」 (2)「ある」でも「いる」でもよい

日本語では、生きているモノの存在は「いる」で表し、生きていないモノの存在は「ある」で表します。そして、ここで重要なのは、「生きている」「生きていない」というのが生物学的な問題ではなく、イメージの問題だということです。

ヘリコプターが生き物でないということは誰でも知っていますが、もうすぐ離陸するヘリコプターは、中に人が乗っていて、エンジンがかかっていて、プロペラも回っていそうで、生きているイメージがけっこう強いので、人によっては「いる」になります。

反対に、倉庫に格納された旧式のヘリコプターは、たぶん中に人も乗っていないし燃料も抜かれていて、すぐには動きそうになく、生きているイメージが弱いので、「ある」が選ばれます。

このように、客観的には同じモノ（ヘリコプター）の存在表現が、イメージしだいで「いる」になったり「ある」になったりするということは、めずらしくありません。

類例

ヘリコプターの場合とは逆に、まちがいなく生きているはずのモノの存在が、「ある」で表されることもあります。これもイメージの問題です。

希望者がいれば、あとでまとめて報告してください。
希望者があれば、あとでまとめて報告してください。

希望者というのは何かを希望している人のことですからまちがいなく生きていますが、「希望者がいれば」「希望者があれば」どちらでもいいでしょう。しかし、

いまここに希望者があるんですけど、そちらに連れていきましょうか。

はさすがにまずい。ここは、

いまここに希望者がいるんですけど、そちらに連れていきましょうか。

のように「いる」にするべきでしょう。

先ほどの「希望者があれば」が自然だったのは、「もしも仮に希望者が存在するなら」という仮定の話であるために、希望者がそんなにリアルではなく、「生きている」というイメージもあまり強くないからです。

それとは対照的に、「いまここに希望者が」という風に、いまここに現実に希望者が存在する時は、希望者はリアルなので「生きている」というイメージが強くなり、「ある」はおかしくなります。

同じようなことは、「すき」の前に「のこと」が付くかどうか、という別の現象についても観察できます。「田中さんは、佐藤さんに対して良い感情を持っているのかも」という意味を伝える場合を考えてみましょう。この時、

田中さんって、ひょっとしたら佐藤さんすきなのかも。

田中さんって、ひょっとしたら佐藤さんのことすきなのかも。

の2文を比べると、「佐藤さんすきなのかも」の文よりも、「のこと」が付いた「佐藤さんのことすきなのかも」の文の方が自然と感じる人が多いようです。

逆に「田中さんはスイカが好物なのかも」という意味を伝える場合は、

田中さんって、ひょっとしたらスイカすきなのかも。

田中さんって、ひょっとしたらスイカのことすきなのかも。

「スイカすきなのかも」の方が自然で、「スイカのことすきなのかも」はスイカを人と見ているようで不自然というのが多くの人の感じ方です。

結局のところ、田中さんに好かれる対象が佐藤さんのように「生きている」というイメージが強いモノの場合は、「のこと」が要求される。そしてスイカのように、「生きている」というイメージが弱いモノの場合は、「のこと」が嫌われる、ということになります。

ここで、タレントのタモリを考えてみましょう。タモリが出演しているテレビ番組を観ていて、或る人が一言、

わたし、タモリすき。

とつぶやくのはふつうですが、「のこと」を付けて、

わたし、タモリのことすき。

というのはおかしいと感じる人が多いようです。つまり、タモリの場合は「のこと」がふつう要りません。

このようにタモリが佐藤さんよりもむしろスイカに近いのはなぜでしょうか。それは、タモリがテレビの画面上にしか存在せず、リアルさに欠けるからです。タモリと個人的にコミュニケーションするテレビ局関係者を話し手として想定すれば、「タモリのことすき」が不自然でなくなるのは、このことを反映しています。

Q.15

「クラブがボールに当たる」のか「ボールがクラブに当たる」のか

次の文章は、ゴルフの技術指導書の一部である。
空欄に「が」か「に」を入れて、文章を完成させなさい。

クラブヘッドのフェース□ボール□当たる瞬間のことをインパクトといいます。この瞬間が、打球のすべてを決定します。

●榎本七郎監修(1991)『女性のゴルフ・レッスン』, ナツメ社, p. 68
●写真:小林正義・片山健二(1988)『基本レッスン　ゴルフ』, 大修館書店, p. 85

A.

「フェースがボールに当たる」でも、「フェースにボールが当たる」でもよい。

ゴルフとは、静止しているボールをクラブで打って飛ばし、穴に入れる競技です。クラブの先端部分をクラブヘッドと言い、クラブヘッドの平たい部分をフェースと言います。

インパクトでは、ボールは止まっていて、そこへクラブヘッドのフェースが移動してくるのだから、「クラブヘッドのフェースがボールに当たる」しかありえない、と思われた方が多いかもしれません。たしかにそういう表現はよくあります。やはりゴルフ雑誌からとった、次の文章の最初の太字部分「クラブがボールに当たる」がその例です。2番目の太字部分「ボールにクラブをぶつける」も同様で、何の不思議さも感じられないと思います。

ボクはスイングするときに、インパクトというのは意識していません。スイングの過程でたまたま**クラブがボールに当たる**地点がインパクトだと考えています。一般ゴルファーの多くは、インパクトに向かってクラブを振っているのではないでしょうか。これは、インパクトを点としてとらえるやり方で、距離が出ないし方向も狂います。インパクトに向かってスイングするということは、**ボールにクラブをぶつける**ということ。

「『ゴルフ・トゥディ』１９９１年10月1日号、日本ヴォーグ＆スポーツマガジン社、31ページ」

しかし、これとは逆の「フェースにボールが当たる」式の文も、実際はいろいろなところに見られます。問題に挙げた文章がその例で、「クラブヘッドのフェースにボールが当たる」になっています。「フェースにボールを当てる」式の実例もけっこうあります。次の例に出てくるスイートスポットというのは、ゴルフクラブのフェースの一部分の名前です。

インパクトの時、**ボールをスイートスポットに当てる**ことが、ゴルフの絶対条件なのだから、至極、当然の理屈である。

「『アルバトロス・ビュー』１９９１年１０２号、スタジオ・シップ、６ページ」

つまり、動いているモノの表現（「フェース」や「スイートスポット」）には「が」や「を」が付き、止まっているモノの表現（「ボール」）には「に」が付く、とはかぎらないということです。このように、モノの動静で格助詞（「が」「を」か「に」か）が決まらないということは、実はめずらしいことではありません。

たとえば、波間に浮かんでいるビーチボールとカゴがあるとしましょう。最初、ビーチボールとカゴはお互いに離れて浮かんでいましたが、最終的には、ビーチボールがカゴの中にある状態になりました。このとき、ビーチボールとカゴのどちらが動いて最終状態になったのだとしても、これは、

ビーチボールが|カゴに|入った

のであって、

カゴが|ビーチボールに|入った

のではありません。「入る」が述語の文は、「が」は中身の表現（「ビーチボール」）に付き、「に」はそれを包む容器の表現（「カゴ」）に付くと決まっています。モノの動静は関係しません。痛ま

しい事故の報道記事ですが、次の「刺さる」の例もこれと似ています。（個人情報に関わる部分は省いています。）

> 十五日午前十一時二十三分ごろ、東京都［中略］の［中略］小学校［中略］の一年生の教室で、**男子児童（七つ）の胸に、担任教諭の持っていた切り出しナイフ（刃体八・五㌢）が刺さった。** 児童は救急車で［中略］病院に運ばれたが、傷が心臓に達しており重傷。池袋署の調べでは、教諭は三時間目の国語で切り出しナイフやペンチなどを使って、児童にカタカナを書かせる授業をした。その後の休み時間に、同教諭は教卓の中にしまったナイフのさやが反対に入っているのに気づき、入れ直そうと右手で抜いた。そこに児童が「先生遊ぼう」と言って走って飛びつき、はずみで刺さったらしい。
>
> ［『毎日新聞』1993年2月16日朝刊、23面］

この例では、ナイフと児童の胸との一体化が表現されていますが、一体化に至るまでの動静はよく想定されがちな動静とは逆で、ナイフは（ほぼ）静止しており、そこへ胸が移動して一体化に至っています。もしも、移動物の表現（「胸」）に「が」が付き、静止物の表現（「ナイフ」）に

「に」が付くなら、下線部は「児童の胸がナイフに刺さった」となるはずですが、そうはなっていません。モノの動静が格助詞に素直に反映されないケースは、案外いろいろあります。

「当たる」もこれらと少し似ていて、モノの動静は必ずしも大事ではありません。本当に大事なのは話し手の注意です。「クラブがボールに当たる」のか「ボールがクラブに当たる」のかは、話し手の注意の向け方によって決まります。「当てる」も基本的に同じです。

話し手がクラブに注意を向ければ「クラブがどうなるのか」「クラブをどうするのか」というきもちが芽生え、「クラブがボールに当たる」「クラブをボールに当てる」という表現になります。逆に、話し手がボールに注意を向ければ「ボールがどうなるのか」「ボールをどうするのか」というきもちが芽生え、「ボールがクラブに当たる」「ボールをクラブに当てる」になります。

止まっているものよりも、動いているものに注意しがちというのは、人間にかぎらず多くの動物に共通する性質です。人によってはこれが絶対的なものになっていて、「『クラブがボールに当たる』『クラブをボールに当てる』以外あり得ない！」となるのですが、動静にしばられず、止まっているボールにも自由に注意を向ければ「ボールがクラブに当たる」「ボールをクラブに当てる」という表現が生まれます。

Q.16

揚子江の釣り

「揚《よう》子《す》江《こう》という中国の川に行って魚を釣る」という
釣り雑誌の特集記事は、
写真ではタイトルが「揚子江□釣る」となっている。
空欄に当てはまる適当な１文字のことばは何か?

●『週刊釣りサンデー』, 第12巻, 第49号（1987年12月13日）, ㈱週刊釣りサンデー,
右は表紙、左は63ページ

A.……を

「揚子江で釣る」でもまちがいではありませんが、雑誌の特集記事のタイトルですから、インパクトのある表現をねらうべきでしょう。つまり、日常会話ではふつう言わないけれども、言われてみればわかるという表現です。インターネットでも、

利尻を釣る　[http://homepage2.nifty.com/rishiri-turi/]
湖を釣る　[http://angler55.blog.ocn.ne.jp/ko/]
渓流を釣る　[http://www.tkc.pref.toyama.jp/furusato/ryo/t96-5.html]

のように、「場所を釣る」型の表現は珍しくありませんが、本文中というよりも、文章やホームページ全体のタイトルコピーによく現れています。

では、「揚子江を釣る」と言われたら、どんな感じがするでしょうか。

「を」は一般に、他のものに働きかけることを表します。たとえば、

警察が犯人を逮捕する。

というのは、警察が犯人に対して働きかけています。
場所の表現に「を」が付くこともありますが、これも基本的に同じで、場所に対する働きかけが表されています。次の2つの文を比べてみましょう。

山にのぼった。
山をのぼった。

ヘリコプターに乗って山のふもとを飛び立ち、頂上に降り立った場合、「山にのぼった」は言えるとしても、「山をのぼった」とは言えません。「山をのぼる」とは、山の中に身をおいて山道をのぼっていくことです。山に身をおく、山の一部を占有するという形で、わずかにせよ、山に対する働きかけがイメージされる必要があります。

場所がつらく苦しい「逆境」である場合、「場所に対する働きかけ」は、そのつらく苦しい逆境に負けず立ち向かう、という形でイメージされます。
戦乱の世、逃げまどううちに財産を失って零落し、家族も離散して途方に暮れているなら、

乱世に生きる。

とは言えても、

乱世を生きる。

というのはあまりしっくりこないでしょう。「乱世を生きる」なら、戦乱に乗じてのしあがる風雲児のように、逆境に負けまいとするたくましいイメージが必要です。書物のタイトルを見ても、

『乱世を生きる ― 市場原理は嘘かもしれない』［橋本治（2005）集英社］

『アメリカを生きる――紋切り型日本人像を突きぬけろ』
［マコ・イワマツ著、越智道雄訳（1984）日本翻訳家養成センター］
『「ビミョーな未来」をどう生きるか』［藤原和博（2006）筑摩書房］

のように、「～を生きる」の「～」に入る場所は、生きにくそうな場所が目立ちます。

お寒い中を｜わざわざご足労くださいましておそれいります。
お忙しいところを｜お越しくださり、誠にありがとうございます。

なども同様です。寒い、忙しいという逆境に負けずにやってくるというイメージが大切です。場所が遠く離れた自然環境である場合、「を」は、その地に乗り込んで自然を体感、満喫するということを表します。この「を」は日常会話にはふつう現れませんが、やはり「場所に対する働きかけ」の一種であることに変わりありません。「揚子江を釣る」の「を」も、雄大な揚子江の自然を体験するというニュアンスで現れたものでしょう。

まさか春のエーゲ海を泳ぐことになるとは…。

[http://www.fbc.jp/i/personarity/kasuya/20050429.html]

「昨日、エーゲ海を泳いだ」などとはふつう言いませんが、「まさか〜ことになるとは」のように、大それたことや偉業のイメージを強めれば「エーゲ海を泳ぐ」に不自然さはありませんね。「場所に対する働きかけ」は、これだけではありません。

魔力もかなわないものがこの世に三つだけあるのだ。ひとつはまったく汚れなき純な心。そしてひとつは静まり返った水面の上を発射された弾丸、最後に法律と大陪審官。

「マレイ・ラインスター著、成田朱美訳「悪魔の手下」、オーガスト・ダーレス他著、中田耕治編(1985)『恐怖通信』、河出文庫972A、162ページ」

他の場所ではダメで、「静まり返った水面の上」で発射された弾丸でなければ魔力には勝てないといった、場所を選別する意識が強まれば、「水面の上で発射される」のではなく「水面の上を発射される」と言える人も出てくるようです。

Q.17

「その気にさせる」か「その気にする」か

下の□の中を埋めなさい。

◎照明のスイッチがオンになる。
◎ 一郎が照明のスイッチをオンにする。
◎社長が一郎に命令して、
照明のスイッチをオンにさせる。
◎私がその気になる。
◎あなたが私をその気に□。

●キャンディーズ(歌),
千家和也(作詞),
穂口雄右(作曲・編曲),
SOLB310,
CBS SONY, 1975

A. させる

「照明のスイッチがオンになる」というデキゴトを一郎が起こすなら、

一郎が照明のスイッチをオンにする。

と言うことが多く、

一郎が照明のスイッチをオンにさせる。

とはあまり言いません。どうしても「オンにさせる」と言うなら、

社長が秘書の一郎に命令して、照明のスイッチをオンにさせる。

のように、もう1人、一郎に命令する人間を登場させる方がしっくりきます。

キャンディーズ自身も、『やさしい悪魔』という歌の中では、

あの人は悪魔　私をとりこにする

［キャンディーズ(歌)、喜多条忠(作詞)、吉田拓郎(作曲)、馬飼野康二(編曲)、06SH128，CBS SONY，1977］

のように、「私をとりこにさせる」ではなく「私をとりこにする」と歌っています。

つまり、「スイッチがオンになる」や「私が（あの人の）とりこになる」といったデキゴトを起こす行動は、ふつう「一郎がスイッチをオンにする」「あの人が私をとりこにする」のように「～する」型で表されます。それなのに「私がその気になる」の場合は、「その気にさせないで」のように「～させる」型で表されることが、けっこうあるのです。

「～なる」型のデキゴトは、1つのプロセス（過程）からできています。たとえば「照明のスイッチがオンになる」というデキゴトは、「スイッチがオフからオンに変わる」という、照明ス

イッチの変化のプロセス（図1の①）からできています。

図1

これに対して「～する」型のデキゴトは、2つのプロセスからできています。たとえば「一郎が照明のスイッチをオンにする」というデキゴトは、「一郎が照明のスイッチを押す」という、一郎が照明スイッチに対して働きかけるプロセス（図2の②）と、それに続く「照明スイッチがオフからオンに変わる」という照明スイッチの変化のプロセス（図2の①）からできています。

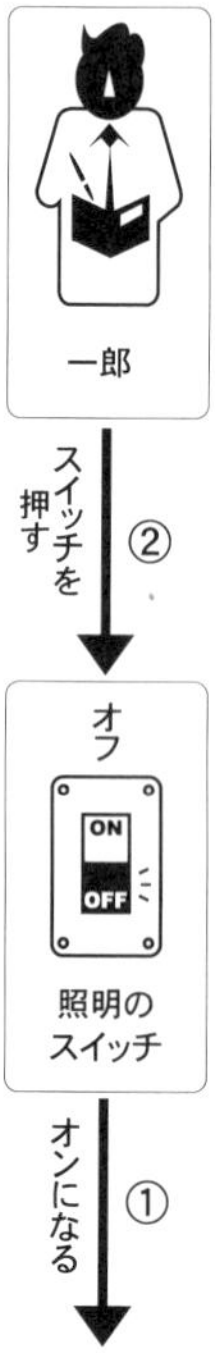

図2

そして「～させる」型のデキゴトは、3つのプロセスからできています。たとえば「社長が一郎に照明のスイッチをオンにさせる」というデキゴトは、「社長が一郎に命令する」といった、社長が一郎に対して働きかけるプロセス（図3の③）と、続いて「指図を受けた一郎が照明スイッチを押す」という一郎の働きかけのプロセス（図3の②）、そしてさらに「照明スイッチがオフからオンに変わる」という照明スイッチの変化のプロセス（図3の①）からできています。

図3

これらを見ると、モノが1つ（照明スイッチ）の場合は「〜なる」、2つ（一郎・照明スイッチ）の場合は「〜する」、3つ（社長・一郎・照明スイッチ）の場合は「〜させる」というようにも見えますが、モノの個数は必ずしも大事ではありません。モノが2つ（あなた・私）だけでも、プロセスが3つなら「〜させる」になります。それがキャンディーズの「その気にさせないで」、つまり「あなたが私をその気にさせる」です。

図4

図4では、「あなたが私に魅力を振りまく」という、あなたが私に働きかけるプロセスがあり（③）、続いて「私の心内の『恋愛プログラム』がオフからオンに変化する」というプロセスがあり（②）、最終的に「私がその気になる」という私の心境変化のプロセスがあります（①）。

照明スイッチを指で押せば、スイッチは確実にオンになります。が、私たちの心は照明スイッチのようにはいきません。他人からひどいことを言われても、なぜか全然悲しくなかったり、逆に自分でもわからないまま突然悲しくなったりということは、そうめずらしくはないでしょう。

私たちの心は、他人はもちろんのこと、自分でもコントロールできない部分を含んでいます。いくら外から働きかけを受けても（図4の③）、照明スイッチのように変化のプロセス（図4の①）がすぐ自動的に生じるというわけではありません。両プロセスの間に、もう1つのプロセスが介在しているのは（図4の②）、そういうことです。このプロセスは、今の例の場合はたまたま『恋愛プログラム』の作動」という形になっていますが、誰にもどうなるかわからないプロセスです。プロセスが合計3つになるから、「～させる」になるのです。

え？　何ですか？

「あの人が私をとりこにする」ですか？

心境を変化させる文なのに、「～させる」でなくて「～する」なのはなぜか、ですか？

それはいいのです。あの人は、照明スイッチをオンにするように、私の心に働きかけて、私の心を確実に、強引に変えるのです。だからプロセスは2つだけで、「～する」でいいのです。なにしろ、あの人は悪魔ですから。

Q.18

「日本に天然資源がとぼしい」か「日本が天然資源にとぼしい」か

これらのグラフは、
「日本に天然資源がとぼしいこと」を表しているのか、
それとも「日本が天然資源にとぼしいこと」を
表しているのか？

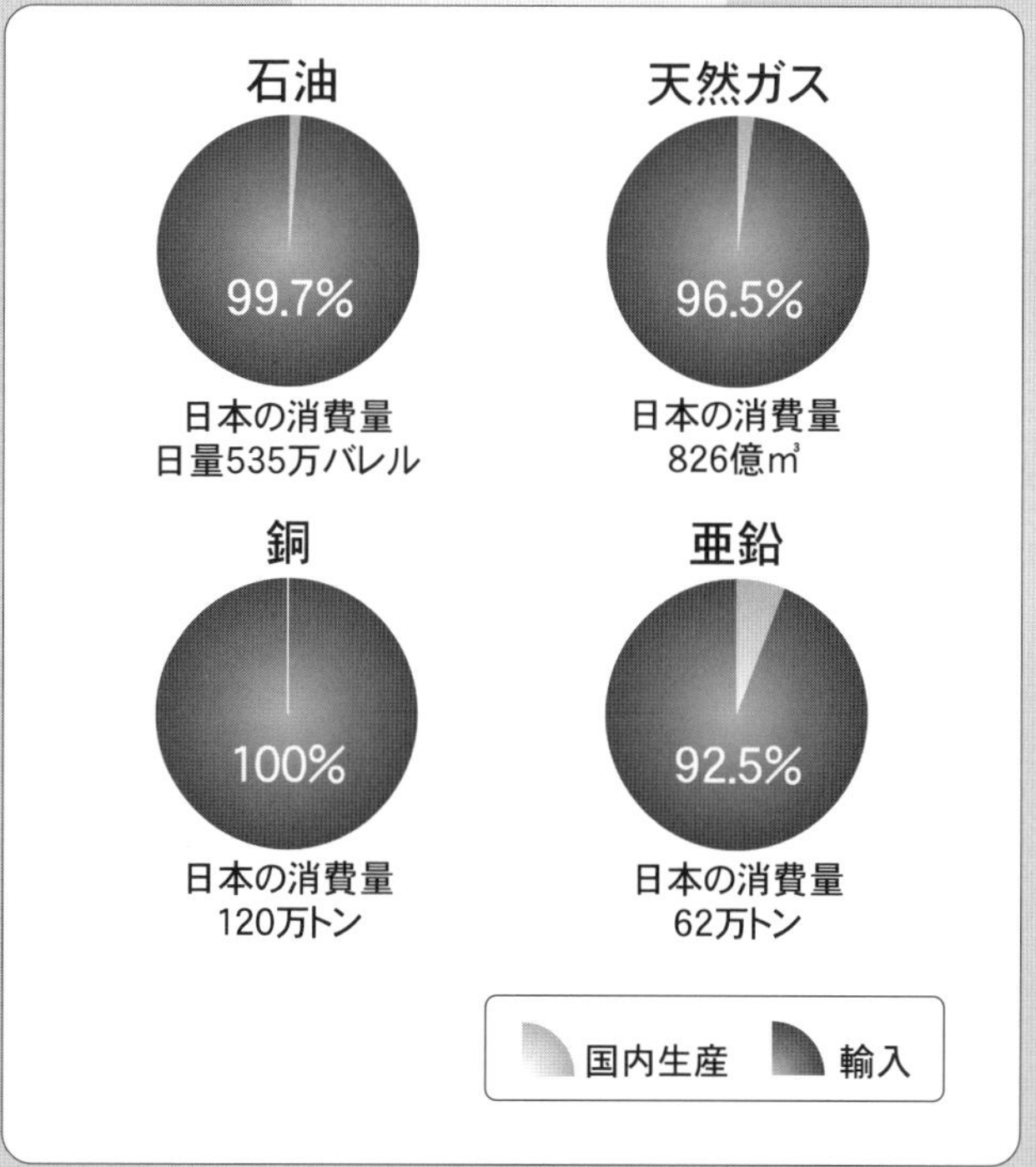

●独立行政法人　石油天然ガス・金属鉱物資源機構ホームページから（デザインは改変）
[http://www.jogmec.go.jp/j_resourse/]

A. 「日本に天然資源がとぼしい」ことも「日本が天然資源にとぼしい」ことも表している。

問題のグラフが表しているのは、日本の天然資源が少ないことです。これを、

日本に天然資源がとぼしいこと
日本が天然資源にとぼしいこと

のいずれでも表せるのは、日本の天然資源が少ないことが、2通りにイメージできるからです。第1のイメージは存在のイメージです。日本の天然資源が少ないということは、日本に天然資源が少なく存在するということです。次の実例のように、

日本のエネルギー需給を考える場合、我が国が、他の欧米諸国と異なり、四方を海に囲まれた島国であり、送電線やパイプラインによって他国とのエネルギーの融通が困難であるこ

と、また、**国内に天然資源が乏しく**、そのほとんどを海外に依存していることなど、まず、我が国の地政学的特徴を考慮しておく必要がある。

［内閣府原子力委員会ホームページ、原子力研究開発利用長期計画骨子（案）、http://aec.jst.go.jp/jicst/NC/tyoki/siryo/siryo12/siryo3.htm］

「日本に天然資源がとぼしい」型の表現ができるのは、日本の天然資源の少なさが「存在」という形でイメージできるからです。この場合、「日本」はモノの存在場所を表し、「天然資源」は存在するモノを表しています。そして「とぼしい」は、そのモノの、その場所における存在のしかた（具体的には、量が少ないこと）を表しています。

第2のイメージは特徴のイメージです。日本の天然資源が少ないということは、日本が天然資源に関して少ないという特徴があるということです。次の実例のように、

わが国が科学技術創造立国をめざす一番の背景は、何と言っても、**日本が天然資源に乏しい**ことです。

［河村建夫文部科学大臣談話、社団法人時事画報社、http://www.jijigaho.or.jp/cabi/040315/

sp01.html]

「日本が天然資源にとぼしい」型の表現ができるのは、日本の天然資源の少なさが「特徴」という形でイメージできるからです。この場合、「日本」はモノを表し、「天然資源」はジャンルを表しています。そして「とぼしい」はそのモノの、そのジャンルにおける特徴（具体的には、量が少ないこと）を表しています。

「日本に天然資源が少ない」は自然だけれども「日本が天然資源に少ない」は不自然、「日本が自然の変化に富む」は自然だけれども「日本に自然の変化が富む」は不自然という具合に、量の多《た》寡《か》表現の多くは、存在型の用法と特徴型の用法のどちらか片方しか発達させていません。とはいえ、両方の用法をあわせ持つものは「とぼしい」だけではありません。「欠ける」の実例を挙げておきます。

期待して読んだのですが少し残念な読後感だった。**主人公に魅力が欠けて**たのが原因かな。[http://vote3.ziyu.net/message.php?201137521&torakich]

主人公のキャラクターが魅力に欠け、顔アップを連発すればするほどしらける。
[http://number29.ameblo.jp/entry-3a12e2a75de556e9dbc8198f4-a6cb3c8.html]

最初の例は「主人公に魅力が少ししか存在しない」という存在型の用法で、次の例は「主人公が魅力というジャンルにおいて『欠ける』という特徴がある」という特徴型の用法です。同じようなことが「多い」にも時々見られます。(個人情報に関わる部分は省いています。)

昨年九月、ビルの二階に出店したアニメ専門店[中略]の[中略]店長(29)は通りを見て安心した。「リュックに眼鏡のまじめそうな人が多かった」。**アニメファンに多い外見**という。[http://www.chugoku-np.co.jp/kikaku/hiroshima/k010404.html]

厳密なことを言えば、これから店を出す店長が安心するには、「アニメファンの多くがリュックに眼鏡のまじめそうな人であること」ではなく、「リュックに眼鏡のまじめそうな人の多くがアニメファンであること」が必要なはずです。それを「(リュックに眼鏡のまじめそうな人が)アニメファンに多い」と言っているのであって、つまり存在型ではなく特徴型です。

なお、存在型と特徴型は語順の自由さが違っています。存在型の表現は、「場所に」と「モノが」の語順を変えて、「場所にモノが…」としても「モノが場所に…」としてもあまり不自然にはなりません。たとえば、

日本に|天然資源が|とぼしいこと
天然資源が|日本に|とぼしいこと

の2つは、特にどちらが不自然ということもありません。これに対して、たとえば、

日本が|天然資源に|とぼしいこと
天然資源に|日本が|とぼしいこと

の2つを比べると、後者は前者ほど自然でないと感じる人が多いように、特徴型の表現は、「モノが」が先、「ジャンルに」が後という語順を好みます。これはモノあってのジャンルであること、つまりジャンルがモノの存在を前提としていることの反映でしょう。

Q.19

考える人

日本人は偽善者か。
以下の外国人の意見に答えなさい。

日本人は考える時よく「さー」と言うけど、あれは偽善でしょ。「さー、ちょっとわかりません」とか「さー、交番はないと思いますよ」とか、「さー」は考えても結局ダメな場合専用ね。「さー、交番はあそこです」は言わないね。「さー」って言う段階で、考えても結局ダメ、わかってるね。それなのにわざわざ「さー」言って、考えるフリする。あれは偽善でしょ。

●東京上野公園の「考える人」像

A. 偽善者かどうかは、人による。

とうとうバレてしまいましたか。

「さー」のことは知られたくなかったのですが、仕方ありません。私たち日本人の秘密をお話ししましょう。

まずはっきりさせておきますが、「さー、交番ねー…」と答える人間が偽善者で、実は心中では交番のありかなど全然検討しておらず別のことを考えていて、適当に相手に調子を合わせているだけ、ということはあり得ます。

しかし、それは、「さー」と言わずに、ただ

交番ねー…

と答える人間や、

Police box, let's see...

と答える人間が、心中では交番のありかを検討していないことがあり得るのと同じことで、これは人類共通です。相手に適当に調子を合わせて、考えているフリをしているだけで、実は心の中では何も考えていない偽善者は、日本にもいますし、あなたの国にもいるでしょう。こういう偽善者は、世界じゅうどこにでもいるのです。

あなたのような外国人に説明しなければならない「さー」の問題とは、

さー

と言いながら、日本人が交番のありかなどを本当に検討するとはどういうことか、という問題のはずです。つまり、自分がいまおこなっている検討はうまくいかないということを「さー」で示しつつ、話し手が本気で検討をおこなうとは、一体どういうことか、という問題です。

たしかに、「さー」は、「検討してもうまくいかない」場合専用です。
「このあたりに、交番はないでしょうか」とたずねたXに対して、Yが、

さー、交番ねー、ちょっとわかりませんねー
さー、交番ねー、このへんには交番はないと思いますよ

などと言う時、Yは「さー」と言いながら、そのあたりに交番はないかと、ふつうあれこれ検討します。しかし結局、その努力は実を結ばず、交番は思い浮かびません。このように、「検討しても、うまくいかない」という場合、「さー」は実に自然に聞こえます。

反対に、検討して、交番がうまく思い浮かんだという場合、

さー、交番ねー、交番はたしかあそこです

のように言うのは不自然です。どうしても「さー」と言いたいなら、

さー、交番ねー、あ、交番はたしかあそこです

のように、「あ」と驚きの叫びを発して「意外な展開」を演出し、前半「さー、交番ねー」と後半「交番はたしかあそこです」を事実上、切ってしまう必要があります。

では、なぜ日本人は「検討してもうまくいかない」場合専用の「さー」を発しつつ、検討することがあるのでしょうか？

ここで「丁寧」ということについて考えてみましょう。

人に丁寧に応対することはふつう、良いことだとされていますが、何が丁寧であるかは、判断がむずかしい部分があります。

交番のありかをたずねられ、適当な交番を相手に教えることはとりあえず丁寧と言えるでしょう。

では、交番にすぐ思い当たらない場合はどういう応対が丁寧なのでしょうか？

ここには、少なくとも2つの答があります。

1つの答は、自分はよく知らないから他の人にきいてくれと相手に告げることです。

もう1つの答は、交番のありかをなんとか思い出そうとがんばってみせることです。

第1の答は、知ったかぶりでかえって相手を道に迷わせてしまう事態は避けられますが、「冷たくはねつけられた」と受け取られかねません。逆に第2の答は、「親身になって考えてくれている」と感謝されやすい反面、不正確な情報で相手を混乱させやすいと言えます。

どちらの答に沿った応対が丁寧かは、状況によって違いますが、実は言語文化によっても違うようです。

「さー交番ねー」と日本人が言うのは、偽善ではありません。私たちはそんな底意地の悪い世界には住んでいません。それが丁寧だからそう言うだけです。交番のありかを知らなくても、相手の身になって、交番のありかをダメもとで考えてみせることが、日本語文化では丁寧な行動だということです。

Q.20

まずいのか、うまいのか

この酒はまずいのか、うまいのか?

●撮影協力:神田神保町・大衆割烹「なにわ」

A. 両方あり得る。

何かに感心する場合、「苦しんでみせる」というやり方があります。日本語社会では、これがよく用いられます。

たとえば、資産家の屋敷を訪問して、資産家に自分の金持ちぶりを自慢させるという俗悪なテレビ番組がときどきあります。そこでは資産家に「この部屋のカバンだけで1億円ぐらいかな」などとさりげなく言わせて、レポーター役のタレントが、

はぁー

と、りきんで言ってみせたりしています。

これはりきんでいるからいいのでしょう。まったくりきまずに、ただ平坦なイントネーションで「はぁー」と言えば、レポーターはカバンの値段に感心していないということになって、資産

家は怒ってしまうかもしれません。

りきみとは基本的には苦しみの声です。「あなたのお話があまりすごすぎて、私はもう受容の限界に来ております」という形で、レポーターは苦しみのりきみ声を上げ、感心を示しているのでしょう。

英語でも、「ファンタスティック（すばらしい）！」などと叫ぶ時は、苦しんでいるようなりきみ声で言わないと、「くだらない」という意味の皮肉に聞こえてしまうことがあるそうです。このように、「感心するのに、苦しんでみせる」というやり方は、日本語社会だけのものではありません。

しかし、このやり方がどんな場面でどれぐらい使われるかは、文化ごとに違うようです。16世紀後半の日本に、ルイス・フロイス（Luis Frois）というポルトガル人宣教師がいました。彼がまとめた『日欧文化比較』には、西洋人の目から見た当時の日本の生活が克明に記されています。その一節はこうなっています。

われわれは嬉しい愉快な顔を示して主人の葡萄酒を褒める。日本人は泣いているように見える厭な顔をして褒める。

［ルイス・フロイス著（1585）、岡田章雄訳・注（1965）「日欧文化比較」『大航海時代叢書Ⅺ』所収、岩波書店、第6章の44］

当時の日本人は何と変わっていたことか、と現代の私たちが自分たちの祖先を異常に思う必要はありません。私たちは今でも、同じようなことをよくやっているからです。

問題の写真のように、ビジネスマンの男性が、一口飲んだ杯を片手に、眉間にシワを寄せてしかめっ面をして、ゆっくりと、

いやあーこの酒はうまいですなあー

などとりきんで言うのは、十分ありえることでしょう。酒をほめる場面で「苦しみ法」をどれぐらい使うかについて、フロイスを驚かせたような、日本社会とヨーロッパ社会との程度差は確かにあるようです。

もっとも、いくら日本でも「酒を飲みながら顔をしかめているのは、単に酒がまずくて苦しんでいるだけ」という可能性が捨てきれないことは言うまでもありません。

類例

感心だけでなく、はげましや応援にもいろいろなやり方があります。

いまにも泣き出しそうな子供をあやす時に、私たちは子供の悲しみには取り合わずに、ことさらに笑顔を作って明るい声を出すことがありますね。これは、明るく楽しい様子をかもしだして、相手を誘導しようというやり方です。飛行機の中で客室乗務員が何をするにも笑顔を絶やさないこと、アメフトの試合中、チアリーダーが飛んだり跳ねたり、過酷な応援ダンスをしながら明るい声をあげ、ほほえみ続けることなども、根底にはこの誘導法があります。

しかし、相手をはげまそうとする時に、誘導法がいつも使えるというわけではありません。たとえば、会話相手に深刻な悩みを話しだされてしまったら、私たちはことさらに明るい声と笑顔で応じるでしょうか？　いくら女性の客室乗務員でも、苦悩する客にニッコリ笑いかけて明るく、

お客様、ガッツでございますよ。

などと言うことはできないはずです。

むしろ、相手がその悩みを吹っ切れるようにするためにも、相手に合わせて暗い顔と声であいづちを打ち、暗いきもちに一時付き合ってあげようとするでしょう。このやり方を共感法と言っておきます。

詰め襟姿で笑顔を見せず、眉間にしわを寄せる男子応援団の応援は、海外ではなかなか見られませんが、「選手のあんたらも苦しいだろうがオレたちも苦しい。オレたちもがんばるから、あんたらもがんばってくれ」という、共感法を使った応援なのかもしれません。

謝辞

この本は、私自身の20代、30代の研究の一部（主に文献①）を、一般読者のためにまとめ直したものである。但し、コミュニケーション関連の項目8・9・19・29については最近述べたこと（文献②③）も混じっているし、項目4では黄麗華先生との共同研究（文献④）を利用させて頂いた。また、項目1では水谷修先生（文献⑤）、項目8では金水敏先生（文献⑥）のご研究を参考にさせて頂いた。さらにニック・キャンベル先生、中川明子さん、金田純平君から今回新しく教えて頂いた情報もこの本には含まれている。「その項目は却下します。別の項目を考えてください」「外国語はできるだけ出さない」「もっと短くしてください」「URLの日付記載はやめましょう」等々、大修館書店の米山順一氏にはきびしい注文を受けたが、これまで不可能とされていたものも含めて、資料の転載許可の取得に奔走して下さるなど、本当にお世話になった。これはもちろん、資料の転載をご許可下さった関係者の方々にお世話になったということでもある。

これらの方々に、そして、これまで私の研究を面白がり、私を育てて下さった先生方・先輩方・学生の皆さんにも改めてお礼を申し上げたい。最後に、私を常に支えてくれている家族に感謝したい。この本が読者の言語に対する興味を少しでも呼び起こすことができれば、筆者としてこれ以上の喜びはない。

【文献】①定延利之（2000）『認知言語論』大修館書店／②定延利之（2005）『ささやく恋人、りきむレポーター――口の中の文化――』岩波書店／③上野智子・定延利之・佐藤和之・野田春美編（2005）『ケーススタディ　日本語のバラエティ』おうふう／④定延利之・黄麗華（2004）「日漢〝畳合詞〟的対比研究」『現代中国語研究』6、15-21／⑤水谷修（2004）「事実と意見と心の態度」『言語』33-11、64-65／⑥金水敏（2003）『ヴァーチャル日本語　役割語の謎』岩波書店

なお、本書で引用した文章の傍線や字体のバリエーションは、原著者によるものではなく、すべて私によるものであることをお断りしておく。

2006年5月

定延利之

［著者紹介］
定延利之（さだのぶ　としゆき）
1962年大阪生まれ。1998年京都大学大学院文学研究科博士後期課程修了。博士（文学）。現在、京都大学大学院文学研究科教授。言語とコミュニケーションの接点に関心を寄せる。主な単著に『コミュニケーションと言語におけるキャラ』（三省堂、2020)、『文節の文法』（大修館書店、2019)、『コミュニケーションへの言語的接近』（ひつじ書房、2016)、『煩悩の文法：体験を語りたがる人びとの欲望が日本語の文法システムをゆさぶる話［増補版]』（凡人社、2016)、『日本語社会 のぞきキャラくり：顔つき・カラダつき・ことばつき』（三省堂、2011)、『ささやく恋人、りきむレポーター：口の中の文化』（岩波書店、2005)、『認知言語論』（大修館書店、2000）がある。

日本語不思議図鑑《にほんごふしぎずかん》

NDC810/126p/19cm

初版第1刷——2006年6月1日
　第3刷——2023年9月1日

著者——定延利之《さだのぶとしゆき》
発行者——鈴木一行
発行所——株式会社大修館書店
〒113-8541　東京都文京区湯島2-1-1
電話03-3868-2651（販売部）03-3868-2292（編集部）
振替00190-7-40504
［出版情報］https://www.taishukan.co.jp/

装丁・本文デザイン——中村友和
印刷所——広研印刷
製本所——牧製本

ISBN978-4-469-22181-7　　Printed in Japan